好书精读 Master 15'

商业新闻出版公司和轻松读文化事业有限公司提供内容支持

决定你一生的投资哲学

Powerful Strategies That Will Shake Up the Way You Invest

轻松读大师项目部　编

中国盲文出版社

图书在版编目（CIP）数据

决定你一生的投资哲学：大字版/轻松读大师项目部编. —北京：中国盲文出版社，2017.7
ISBN 978－7－5002－7942－6

Ⅰ. ①决… Ⅱ. ①轻… Ⅲ. ①投资学—通俗读物
Ⅳ. ①F830. 59－49

中国版本图书馆 CIP 数据核字（2017）第 131844 号

本书由轻松读文化事业有限公司授权出版

决定你一生的投资哲学

编　　者：轻松读大师项目部
出版发行：中国盲文出版社
社　　址：北京市西城区太平街甲 6 号
邮政编码：100050
印　　刷：北京新华印刷有限公司
经　　销：新华书店
开　　本：787×1092　1/16
字　　数：90 千字
印　　张：14
版　　次：2017 年 7 月第 1 版　2017 年 7 月第 1 次印刷
书　　号：ISBN 978－7－5002－7942－6/F・161
定　　价：47.00 元
销售热线：（010）83190297　83190289　83190292

出版前言

数字文明为我们求知问道、拓展格局带来空前便利，同时也使我们深受信息过剩、知识爆炸的困扰。面对海量信息，闭目塞听、望洋兴叹固非良策，不分主次、照单全收更无可能。时代快速变化，竞争不断升级，要想克服本领恐慌，防止无知而盲、少知而迷，需尽可能将主流社会的最新智力成果内化于心、外化于行，如此才能更好地顺应时代，提高成功概率。为使读者精准快速地把握分散在万千书卷中的新理念、新策略、新创意、新方法，我们组织编写了这套《好书精读丛书》。

这套书旨在帮助读者提高阅读质量和效率。我们依托海内外相关知识服务机构十多年的持续积累，博观约取，从经济管理、创业创新、投资理财、营销创意、人际沟通、名企分析等方面选取数百种与时俱进又经世致用的好书分类整合，凝练出版。它们或传播现代经管新知，或讲授实用营销技巧，或聚焦创新创业，或分析成功者要素组合，真知云集，灼见荟萃。期待这些凝聚着当代经济社会管理创新创意亮点的好书，能为提升您的学识见解和能力建设提供优质有效便捷的阅读资源。

聚焦对最新知识的深度加工和闪光点提炼是这套书的突出特点。每本书集中解读4种主题相关的代表性好书，以“要点整理”“5分钟摘要”“主题看板”“关键词解读”“轻松读大师”等栏目精炼呈现各书核心观点，崇真尚实，化繁为简，您可利用各种碎片化时间在赏心悦目中取其精髓。常读常新，明辨笃行，您一定会悟得更深更透，做得更好更快。

好书不厌百回读，熟读深思子自知。作为精准知识服务的一次尝试，我们期待能帮您开启高效率的阅读。让我们一起成长和超越！

目 录

问每个人投资的目的，十之八九会回答：以小钱赚大钱。很少有人把职业生涯与个人生活放进投资组合中，其实投资的真正目的应该是以小钱赚取理想的人生。4 大投资策略可以帮助你由未来富翁变身资深富翁，最重要的是让富裕永不成为过去式。

你还在依靠薪水与存款生活吗？那你将永远满足不了自己的生活需求。追求财富自由，你需要创造更多收入来源。利用股市、不动产、网络等有效开源工具创造现金流是累积财富的必备技能。学会这些技巧，不仅能让你一生无忧，还能成为传给子孙后代的最佳遗产。

投资其实不需要过多谈论证券分析的技巧，而要将注意力更多集中在投资的原理和投资者的态度方面，强调稳健合理的商业原则。这包括：了解你投资的公司、了解你投资公司的经营团队、为了长期获利而投资、相信自己的投资判断、从基本价值选择投资标的、投资有安全边际的股票。谨守这些原则，你将会终生受益。

多数人被洗脑，以为必须拥有百万银行存款才算得上财务自由，其实这是错误的观念。只要把消极所得扣掉支出总额所得到的数字大于或等于零，你就能够拥有财务自由。你只要改变思维，实践书中的4个步骤，便能让钱为你卖命，做自己想做的事情。

决定你一生的投资哲学

Rocking Wall Street

Four Powerful Strategies That Will Shake Up
the Way You Invest，Build Your Wealth
and Give You Your Life Back

原著作者简介

加里·马克斯（Gary Marks）是 Sky Bell 资产管理公司创办人兼 CEO，专门为符合资格的投资人设立并管理避险基金，该公司管理的资产价值高达 3 亿美元。马克斯还是成功的作曲家，曾发行 10 余张原创专辑。2000 年移居到夏威夷的茂宜岛。

主要内容

主题看板

马克斯的“投资兵法”

投资理财的书，我们看得太多，总会不经意略过几句，感觉内容老套。但马克斯舍弃了投资技术，直接切入投资“技艺”这个层面，讲得人牙痒痒，就差说得太真实露骨。比如马克斯说，投资人不能没有避险意识，否则一旦把所有钱押在单一标的时，市场一定跟你唱反调！说得斩钉截铁，投资人果然个个内伤。马克斯的“获利了结点”也是投资人少有思考的论点。大家习惯思考的是单一投资标的获利了结，却少有人把人生的职业生涯与投资获利了结绑在一起。大家都是“一日投资人，终身投资人”，离开了投资市场就找不到衔接的出口。这些都是投资市场上难以克服的人性。马克斯的种种见解，读来犹如“投资兵法”！

避险（hedge）

避险行为起源于早期农畜产品的期货市场，农民买进期货合同，规避将来收成后该农产品价格下跌的风险，避免血本无归。因此，避险操作的重要目的之一就是控制成本。不论个人还是企业，能够有效控制成本便能降低运营上的风险。避险是期货市场中普遍使用的策略，通常分为空头避险及多头避险，前者是手中持有股票并准备在未来出售该股票，因担心未来股票可能下跌便在期货市场卖出指数期货，规避现货股票下跌的风险；后者则是手上未持有股票但在未来将买进股票，因担心未来股票价格上涨会增加成本而买进指数期货，规避指数上涨的风险。

避险可用于防范已经存在或预期存在的风险，通常都是通过衍生性交易产品进行避险。基于这种观念又衍生出所谓避险基金，又称对冲基金，此基金的操作方式较具弹性，较不受市场风险影响。避险基金是仰赖经理人的专业操作技术及经验，因此皆以追求“绝对回报”为操作目标。避险基金在金融市场上越来越普及，规模也日渐增加，经理人所扮演的角色也日益重要。如果其行为操守有问题，那么往往使投资人蒙受极大损失。

市场噱头（Market Hype）

某些金融公司为了自身利益，利用不正确的统计方法或者炒作统计结果，用噱头数据吸引投资人注意，不但扰乱了公众视听，也传递给投资人错误的信息。理财新闻与信息往往也会使用夸张、耸人听闻的标题，以及美丽、炫目的包装手法，但是这些重口味的信息不见得有利于一般大众理财。大多数人累积财富的速度与金额完全与“时间复利”的成长曲线相符，没有必要因为无法短期获利就采取更积极的投资行为。数据具有简洁明了、概括性强等优点，容易使投资人误信这些营销语言而陷入信息掌握不足、不甘认赔停损的投资陷阱。

前阵子流行的甜甜圈，打着“只要几万元加盟，就能轻松赚钱”的噱头，让许多人前赴后继一头栽了进去，但市场饱和过后，许多商家也跟着关门。1999 年，台湾地区曾掀起在欧洲投资的热潮，当时怡富投信（现改名为摩根富林明）大力鼓吹一档“怡富大欧洲基金”，不到一个星期募集资金便超过 100 亿元新台币，投资人就算捧着钱也买不到。结果基金净值一路下跌至 6 元多新台币，造成投资人惨赔。历经 5 年基金净值才回升至 10 元新台币面额。投资人可以听取会计师、规划师与交易员的投资建议，但不能盲目跟风。参考建议时，自己要做研究，要有主见和判断力，毕竟承担财务后果的是投资人自己，而不是理财顾问。一旦预期过度乐观，理财计划就会变得不切实际，从而陷入人云亦云、短线进出的投机式赌局之中。

资深投资人（Sophisticated Investor）

在实际投资环境中，投资人对市场的熟悉程

度是不同的，有些投资人具有较强的能力，取得或解读投资信息，能够判断风险大小并且承担风险，这就是所谓的资深投资人。许多研究指出，资深投资人相对于一般投资人更能正确理解分析师的预测，也更能看出企业的财务信息与获利能力。另外有研究表明，资深投资人懂得利用会计揭露与非盈余信息精确预测企业盈余，因此在投资行为上比较少出现偏误。美国证管会虽然准许企业发行私募证券，甚至利用互联网进行私募，但却严格要求投资人必须具备资深投资人的资格才可以参与私募。同样，对于避险基金的投资人，也会要求投资人必须是规模较大的金融企业，或者是资产超过一定额度的自然人。

美国证管会在 1982 年规定，只有资产超过 100 万美元（未计自住物业或自营公司的价值）的投资人才有资格投资避险基金。到了 2006 年，拥有上述资格的美国公民已达总人口的 8.5%，随后证管会向国会申请修改为 250 万美元，预计可以使投资人减少到只占总人口的1.29%。台湾地区在2001年10月及2002年2月曾先后修订“公司法”及“证券交易法”，规范公司债务的私募行为。根据“证券交易法”，私募对象包括“符合主管机关所定条件之自然人”，条件是：①本人净资产超过新台币1000万元或本人与配偶净资产合计超过新台币1500万元。②最近两年，本人年度平均所得超过新台币150万元，或本人与配偶年度平均所得合计超过新台币200万元。

5分钟摘要

合理规划投资策略

要规划个人的投资策略，你必须从终身规划的角度全面考虑投资策略，不要只局限在获利上，获利不过是华尔街的宣传语言。从终身规划的角度来看，要妥善管理自己的职业生涯和投资组合，应该采用下列 4 项策略：

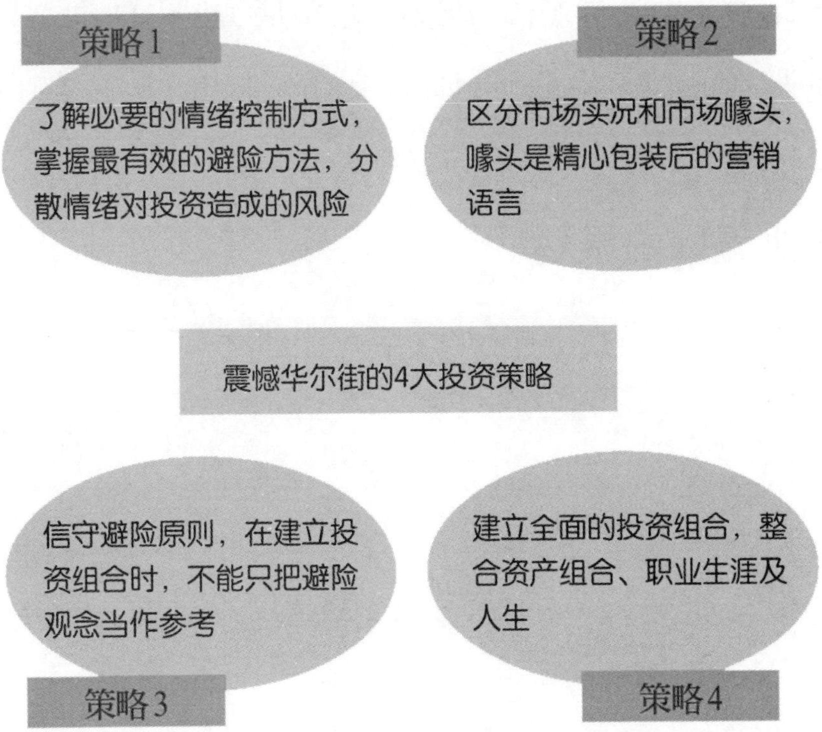

关键思维

在思考该怎么运用自己的金钱进行投资时，安全和成功这两项要素是绝对不可以分开考虑的。投资的优先要务是全心建立能够避险的投资组合，这样就算有某项投资标的看来回报率绝佳，也不会放任自己押宝在上面而把钱全赌光。自己一定要清楚财富究竟要累积到哪一种程度，不要总想着让每年的投资效益赢过股市表现，或是想比自己最有钱的朋友或邻居还要富有。只要掌握避险这项关键原则，就能让自己享有自由。不要忙着达成“获利了结点”，而是要找出生命中其他美好的事物。

——加里·马克斯

一　了解情绪控制方式

要实现成功投资，首先必须能适当控制自己的情绪，这样才不会被情绪牵着走。要做到这一点，必须思考下面两个重要概念：

（1）什么时候是投资的获利了结点？

（2）有3项观念可以使投注的资金避险，你是否清楚并理解这3项观念？

能够掌握避险方法，分散情绪对投资造成的风险，就很可能投资成功。

1. 何时该获利了结

什么时候是各项投资活动的“获利了结点”？大多数投资人都不会花时间思考这个问题。或许你一直认定，投资的目标就是要让自己的资产不断增长，直到自己和家庭的需求都得到满足。但是按照这种目标设定的获利了结点会衍生出以下几个问题：

（1）你希望人生怎么过，是只要醒着就在管理投资标的，还是想要有更多空闲时间？如果像大多数人一样，你认为挪出更多空闲时间跟家人相处才是真正无价的，那么你自然就会愿意请其他人来分摊工作，这样才能享有更多空闲时间。

（2）如果不制定确切的获利了结点，以便让自己知道已经累积了足够财富，那要怎样判断自己已经达成目标？还是对你来说投资才是一辈子都要做的事情？这样才可能为自己的子女留下大笔财富。

（3）你认为成功投资是靠技术还是技艺？技术娴熟的投资专家深谙投资的基本原则，而且很清楚该怎么做才能分辨噱头和市场实况。只要熟悉这些技术并且了解安全累积财富的方法，就能练就成功投资的技艺，修正自己的投资行为。一定要在投资的技艺和技术之间找到适当的平衡，让你对自己的投资方法感到满意。

（4）你是否能想象，为了过理想中的生活，反而使管理投资标的变成沉重的负担而无法享受投资的益处？如果你刚开始投资，应该很难想象这样的情景。但是世界上真的有人用所有时间去赚钱给自己买各种奢侈品（飞机、游艇还有豪宅），却从没有时间去真正享受这些奢侈品。这些有钱人还会花钱请人来维护、照料这些资产，同时自己却在继续努力获取更高级的奢侈品。或许你会认为自己非常乐意遇到这种问题，又或许这听起来太遥远，以后再去烦恼，反正船到桥头自然直。但是如果你不花时间找出投资的获利了结点，就会让自己踏上跑步机，却很难再从上面下来。

2. 财富多到不需要再投资

那么，到底该设定什么目标作为获利了结点呢？其实这个目标相当简单，那就是：

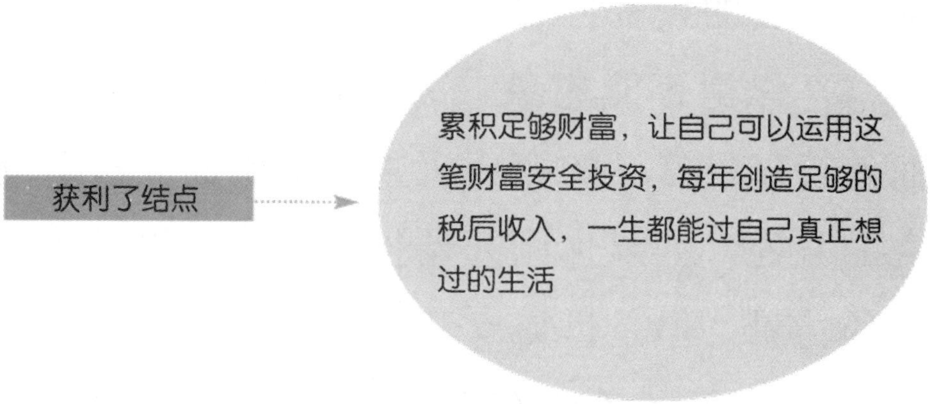

简单来说，获利了结点就是累积足够财富让自己不用承担风险。到那时，可以不必再进行投资，而是把自己所有的时间都毫无保留地用来从事自己感兴趣的事。

（1）企业家卖掉公司获利了结——有时候大家会认为，必须当上亿万富翁才能过这种生活。其实靠远低于亿万富翁的财富达成这种生活是绝对有可能的。举例来说，有位企业主最近卖掉了自己的公司，缴完税后获得了 1200 万美元，然后用这笔钱买了美国政府公债。现在这位企业主和妻子每年有 30 万美元可支配所得，而且他们的房贷已经付清，可以衣食无忧地生活。这笔钱足够他们随时度假，而且每年都可以买两部新车。等他们离开人世，那 1200 万美元会平均分给两位成年子女。这位企业主和妻子达到了自己的获利了结点，这是再好不过的。

（2）设定确切时间点的好处——在从事投资时，设定确切的获利了结点有下列几项好处：

◎如果不清楚地设定获利了结点，就等于不断拿自己的资金去冒险，投资在不一定会获利的标的上；而所谓获利了结点就是自己认定不能再继续投资可以获利了结的时间点。如果不这么做，你很有可能会迟早作出错误的投资决定，那样你不仅无法进一步迈向获利了结点，反而会离这项目标越来越远。

◎设定获利了结点能够帮助你建立对投资的主见，从而不至于被投资市场所驾驭。金钱的真正意义是让自己享有幸福的人生，而追求金钱本身并不是目标。

◎清楚地设定获利了结点可以提醒自己，没

有必要不计一切代价获取投资成功。这可以减轻许多投资人的心理压力。

◎思考你的获利了结点可以让自己真正体会投资带来的乐趣。你会很惊讶地发现，竟然有那么多的成功投资人从来没有时间享受自己的成功，因为他们忙于取得下一次胜利。

你是真正想为未来人生妥善地进行各种投资，还是想花一辈子的时间从事投资？你的首要目标应该是享有幸福与成功的人生，而其他事情都应该当作为了达成中心目标而必须采取的行动，包括投资在内。能够妥善理财，就会有时间享受用金钱买不到的美好事物，例如真爱、自由以及让人生有价值的个人使命。

3. 投资组合要能规避风险

要确保自己未来在财务上无忧，并且达成自己的获利了结点，真正的关键在于为自己的投资组合选择能够规避风险的标的。这种标的虽然无法创造巨额获利，但却避免了重挫。建立能够规避风险的投资组合，最重要的就是懂得如何避险。

要为你的投资避险，可以采取下列3个步骤：

（1）排除情绪因素——这基本上意味着，为了避免重挫，你愿意放弃意外之财。只要你足够聪明，就会把投资看成是进化版的赌博，虽然这是金融产业中大多数从业人员不愿意承认的。

就投资来说，几乎所有你所认为清楚的事情，其实都是错的。开始投资前，你必须先建立这项基本认知。你只要仔细观察就会发现，熟悉市场行情的人士都会提出各自的建议，但他们却一致认为要赢得大笔获利的关键是：

◎要积极投资。

◎要抢先买进低价股，在这些股票变得抢手之前抢进。

◎要卖空美金。

◎要买进黄金或石油。

◎要把所有资金投资在不动产上。

当然，在同一段时间内，所有人提出的投资建议不可能都正确。既然无法得知未来可能发生什么情况，那么从现在起就应该要求自己，如果你投资一项觉得会增值的标的，同时也要投资一项自己判断应该会贬值的标的，这样整体的投资组合才能趋近市场走向。这就是避险的基本概念，也是投资策略中最根本的一环。

采用避险的做法来分散投资的风险，不论最初的投资决策结果是好还是坏，你在心理上都会感到满意。

（2）分散投资——把资金分散在不同的投资标的、资产类别以及投资策略上。分散投资可以让我们保持耐力，如果某项投资标的长期持续贬值，就会让我们无法保持这种耐力。

分散投资的重点在于，绝对不要过度投资单一标的，以免造成心理上和财务上的负担。分散投资的观念也适用于自己投注在创业上的资金。

不过度投资自己的事业，从而避免造成无力承担的损失，这是非常聪明的做法。只有极少数新创企业能够撑过初创时期并开始获利，所以不要把所有鸡蛋都放到同一个篮子里，更何况这个篮子得靠自己克服创业的低成功率才能获得。

从理论上说，只要能切实做好避险，不论市场整体表现是涨还是跌，你都能够获利。虽然这在实践中不一定那么容易做到，因为市场不会是风平浪静的，而且各种小规模的变化都会改变你的避险架构，但是避险的观念仍然是非常有道理的。要在规划出适当投资方式的同时投资互补标的，尽可能排除市场变动的影响。不论市场变化如何，一定会有某项标的增值、某项标的贬值。这就是分散投资的基本观念。

（3）要综合逻辑和情绪的判断来制订投资决策——这样才能理性与感性并用进行投资，从而兼顾两者的优点。

只要不把累积财富当成自己工作的唯一目

的，你就能做到下列几点：

◎避免因为贪心、羡慕或走投无路导致自己进行错误投资。

◎主动和他人合作。即使是竞争对手也没关系，这样你才能树立起正确的观念，并且善用自己能够运用的所有力量。

◎设法让最重要、最忠诚的员工享有最优厚的奖励方案，以此留住优秀人才。

兼顾逻辑和情绪来制订投资决策，这样可以帮助你避免陷入进退两难的窘境，这种窘境会让许多投资人犯错。让人陷入两难的状况通常是这样演变的：

◎投资适当标的，只要时机适当就脱手。

◎每次标的增值的时候，就会告诉自己："我要继续持有，因为未来一定还会再增值。"

◎同样，如果投资标的贬值也会告诉自己："我不能现在脱手，或者至少要等待这项标的回涨，直到为自己赚进当初在市场上赔掉的钱时再脱手。我要继续持有这项标的，等待这项标的回涨。”

如果你能够持续地事先设定价格点，标的上涨到某个价位就获利了结，或者跌到某个价位就脱手停损，这样你就可以避免陷入进退两难的窘境。

关键思维

要避免自己沉溺在投资活动中，就必须不断问自己：“我是不是要当投资顾问公司的CEO?”如果是，就去考执照、找客户。如果不是，就不要让自己变成那种人。

——加里·马克斯

在股票市场上厮杀，就像面对行进中的火车，看谁最有勇气最晚躲开。不管你赢过几次，只要输一次就完了。

——麦克·马斯特，避险基金经理人

在金融界，谨慎挑选各种分散的投资标的，

避开自己的情绪和资产的风险以避免失败和意外情况，这才是我所认为的投资。除此之外，我都看作是赌博。

——加里·马克斯

我对股票市场（其实对所有资本市场都一样）的定义是："大家想要费尽心力，打败那些一心想击败自己的人。"如果你觉得自己可以成为赢家，这当然很好。但是不要以为自己这种玩票性质的投资人可以轻松打败金融界里那些精明的老手。

——加里·马克斯

金融界中许多杰出的投资人会告诉你，赚钱最有效的方法就是不要赔钱。我进一步补充，持续赚钱最有效的方法就是不要断断续续地赚钱。积极投资赚进来的钱是断断续续的，想大赚就会大赔，这有点像是真空状态。这种真空状态会吸收空气来平衡气压，而寻找大赢机会的观念不仅会吸光你的钱，还会一天天耗尽你的情感、时间以及精力。

——加里·马克斯

许多避险基金都是具有很大风险的。有些避险基金是不理想的投资标的。但有些避险基金则是由绩优企业管理的，这些企业十分精明且心态保守，相当清楚自身应该采取什么策略，该投资哪些标的，并且找到自身的利基市场。重点是，在避险基金这种形式之下，企业可以应用成千上万种投资概念。当然，有许多避险基金甚至可以说大多数避险基金是我绝对不会投资的。但是到了后来，我开始相信，世界上最绩优的避险基金就是世界上最值得投资的标的。如果根据风险回报来评估，随意选定几年期间来比较，避险基金在同期间的表现是其他投资方式难以匹敌的。但是最绩优的避险基金能成为最值得投资的标的必须有先决条件，那就是投资人要分散投资不同基金，这些基金必须由不同经理人管理，而且投资决策来自于资深团队的专业研究，这样组合基金就派上用场了。就像市场有风险一样，避险基金对于自身利基市场中突如其来的未知风险也十分敏感，而且还会面临非市场风险，要避开非市场风险只能靠分散投资和持续的专业研究，以及各种能够自我保护的做法。

——加里·马克斯

二　区分市场实况和噱头

华尔街总是在包装市场噱头，把市场噱头当作市场信息提供给投资人。不要再跟随这些信息，要进行投资就要按照自己的想法。投资永远是零和游戏，除非你打算全年无休进行投资，才有可能靠一己之力看透各种噱头。要能成功投资，唯一的方法就是拒绝随华尔街起舞。也就是说，不要继续漫无目的地押注，而应该建立合适的投资组合，把避险当作第一要务。

1. 哪种投资信息才可靠

有这么一个产业，其业界人士包括鼓吹买卖时机策略的专家、投资顾问以及避险基金经理人等，专门给投资人提供各种建议。这些业界人士推销成千上万种方法，这些方法的根据是市场趋势、技术面的买卖点、逻辑导向的分析方法、本益比分析或是价值评估的财务模型等。你应该会认为，在这个充满信息的产业中，一定会有人对自己的方法很有把握，其实不然。事实是没有人真正知道市场为什么会变动，也没有人可以准确预测市场未来的走向。

当下次有人要通过自己的快报或讲座跟你分享内幕消息，教你怎么超越市场表现时，你要冷静下来问自己下列几个问题：

（1）如果这套方法是运用回溯测试得出的，我是否真的愿意投入大笔资金来测试这套方法是不是也适用于将来？

（2）如果真的有效，为什么想出这套方法的人会靠卖这套方法赚钱？他们完全可以自己应用这套方法为自己赚进亿万财富，不是吗？

（3）如果他们提出的方法真的有用，照理说应该越少人知道越好。那么他们为什么要跟我分享，从而稀释这套方法的效力？

（4）如果开发出这套方法的人愿意跟我分享

是出于善意，或是不希望看到我被剥削，那为什么分享这套方法时还要向我收费？

（5）如果有人说自己“热衷”某个特定投资策略、个股、共同基金，或者黄金、不动产等资产类别，那么这样的热衷是因为这项投资标的目前真的让他们获利，还是另有原因？这是不是表示如果市场走贬（市场总会有走贬的时候），投资人会就此“痛恨”这项投资标的？

（6）有没有人能够持续正确预测走势，其准确率之高足以让我愿意把家庭的未来全部押在他们对走势的预测上？

（7）如果我了解一套方法，它可以让我极为准确地选择进出场的时机，那么我怎么运用自己的时间最有益？是每天应用这套方法赚进数百万美元，还是进行巡回演讲，来教导投资大众如何运用自己这套方法？

2. 传统投资思维的两项误区

（1）买进长抱——这种方法在市场多头的

时候的确非常有效。问题是，在市场进入衰退期的时候就没有人会提出这种投资建议。例如在1973～1974年股市市值暴跌47%的时候，就没有人听到过这种言论。从2000年的年中到2002年这段股市处于一片长黑阶段，也没有人听到过这种论调。怎么会有人刻意持续投资年年亏损的经济领域，却眼看着别人投资其他经济领域顺利获得更高获利而丝毫不为所动？大家都认同股神巴菲特是买进长抱的同义词，但即便是他，如果很清楚某家公司的基本面恶化，还是绝对乐意出脱手上的投资标的。

即使投资正在成长的产业，还是有可能押错宝。举例来说，大家在20世纪80年代都可以清楚看出笔记本电脑会大卖。如果当时买进戴尔电脑的股票，那么买进长抱的方法就是有效的。而如果当时买的是Commodore电脑的股票，那么买进长抱会让你血本无归。只要是到了该作正确决定的时候，很少有专业的投资人会采取买进长抱的策略。

（2）永远不要出脱手中持股，因为如此便需缴税——这没有什么不对，只是这样造成的损失往往会远远超过原本想要节省的税额。有效节税当然是应该纳入考虑的问题，但是绝对不应该因此就抱住自己认为应该脱手的投资标的。为了拖延税款继续持有某项标的，其实是在同时拉高获利杠杆和损失风险。如果市场走升，获利效果就会更佳，但同样，如果市场走跌，投资标的也会急速贬值。

无疑，如果等到大家都抛售时才出脱某项标的，那么根本就不必烦恼缴税的问题，因为潜在获利都会被损失抵消。税是一定要缴的，所以最好的做法大概是每年根据短期获利的额度，乖乖缴税。这可以让你自由选择在任何合理的时机出脱标的，同时还可以不受时间限制，用未来应该缴纳的税额抵销投资损失。

3. 每天都要思考的问题

排除这两项误区之后，接下来就要考虑一个你每天都应该仔细思量的问题。

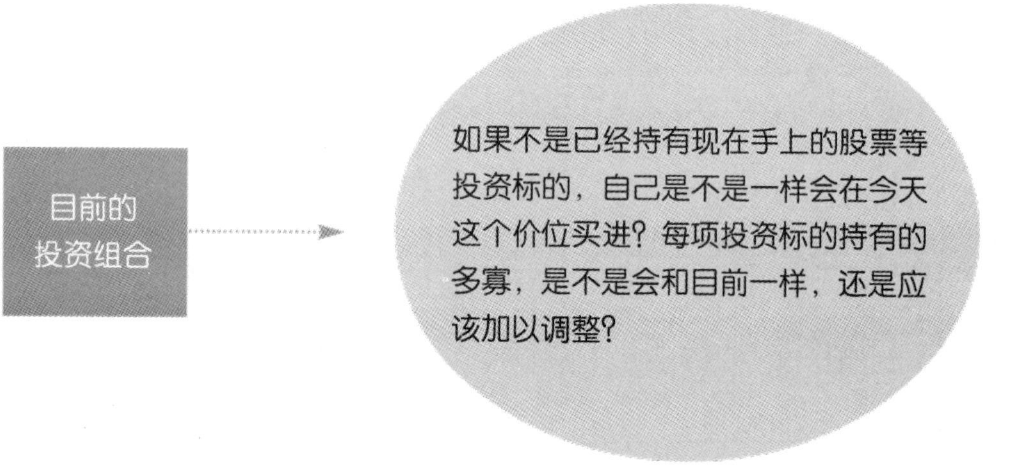

面对自己持有的标的，不应该舍不得脱手，也不应该任意脱手。相反，所有投资决策都应该兼顾自己的情绪，并且充分做到分散自己持有的标的。如果手中的投资组合让自己每天提心吊胆，那么就应该采取行动加以调整。脱手部分标的让投资组合更均衡，就算现在脱手要缴税也不要在意。为了让投资组合更均衡，这是绝对值得的。

4. 时时都要牢记的观念

（1）下次再听到有人说，“如果在40年前就投资通用电气这种企业，现在身价就会有数百万美元”之类的话，就要提醒自己，美国经济从萧条状态发展成为世界上的强权，这种高速增长的时代已经一去不复返了。就像每一份基金公开说明书注明的：“过去绩效不保证未来表现。”唯一能够保证的事情是，在未来，一定会有牛市，也一定会有熊市。

（2）有人说，投资组合中应该纳入避险基金。要切记，每年大约有10%的避险基金会崩盘，避险基金并不保证能获利。世上没有保证赚钱的投资标的，自己要在投资前做足功课。

（3）从长期来看，保守投资策略的效益一定会胜过积极的投资策略。不要被“今日亮眼星”骗了，以为基本面都不重要。各种标的的市值一定会回归基本面，因为基本面才是最重要的。评估自己的投资标的时应该根据这些标的运作模式，而不要因为这是现在市场上热门的标的。

（4）如果有人邀你投资某家新创企业首次公开发行的股票，先冷静下来问自己："我想不想当创投公司的 CEO，想不想把这家新创企业当作自己投资的第一家公司？"如果答案是肯定的，就去考执照，然后开始找更多客户，协助客户成长；如果答案是否定的，就不要以为自己能够分辨哪项事业会成、哪项事业会败，想都别想。就算是世界上最成功的创投公司，也会错估投资对象。创投公司只希望自己辅导成功的企业加起来能够多过失败的企业。创投公司拥有专业的员工和经验，如果连创投公司都无法事先判别，自己又怎么会有机会判断一家新创企业会成还是会败？不能当个兼职的创投家，就算创投在投资组合中的比重不高也不行，因为这是绝对不会成功的。

（5）至于不动产，一定要拥有自住的房子。当购买第 2 项甚至第 3 项物业当作投资时会面临许多压力，例如租客素质不良、租客亏欠房租、必须费力收回房子和维修，或是在寻找新租客的空窗期必须自己缴第 2 项或第 3 项物业的贷款。除非自己不会被上述种种压力压垮，否则不要考虑购买不动产当投资。好好想想，自己愿不愿意为了拥有一项资产花费那么多时间去管理？而且这项资产虽然有时会增值，但在大多数情况下，价格大概都保持平稳不动。

（6）如果接收到信息宣称可以预知股票市场未来的走向，不论是研究报告、专家分析还是快报，都不要信任。这些信息不是自欺欺人，就是想要推销特定标的。唯一能够信任的就是自己的直觉。

（7）对于企业审计账目的做法，一定要保持怀疑的态度。只要有办法模糊财务报表上的数字，不论这种方法合法还是游走在法律边缘，企业都一定会采用。要假设自己看到的多是过度美化的。

（8）一定要分散投资。

（9）一定要为自己的投资采取避险措施。

（10）千万不要孤注一掷，在表现亮丽的单一标的上投注过多资金，即使是投资组合中比重不高的标的也一样，这只是在自找麻烦。不管在哪个标的上投注了过多资金，市场走势一定会跟自己的判断相反，这是唯一可以确定的事。

（11）要假设自己假设的状况往往会是错的。

（12）如果某项投资建议听起来完美无缺，那么就算是自己好友提出的也绝对不要相信。

（13）某只股票只要被财经媒体报道过，就要敬而远之。财经媒体报道的内容从来没有应验过。

（14）你的股票经纪人下次建议你投资特定个股时，一定要记住，他们不过是努力向你推销老板要他们推销的个股。如果经纪人真的知道某只个股未来会涨，他们一定会忙着投资自己建议的那只股票而没空向你推销，而且也一定会比你认识的任何人都要富有。但是他们并没有这么富有，所以你应该可以了解，经纪人的建议根本不必理会。

（15）人只要一获利，投资行为往往就会转为积极。只要你一失利，将来在投资上就会保守一些。除非有人可以预知市场的未来走向，否则问你的投资行为是偏积极还是偏保守，根本一点意义都没有。

关键思维

要达成绝佳的投资绩效，关键在于先求保本，再求获利。

——加里·马克斯

大多数财经媒体的表现就像是精彩绝伦的综艺节目，这种综艺节目是给喜欢荒诞幽默的人看的。

——加里·马克斯

预测市场走向的人可以分为两种，一种人根本不懂市场，另一种人不知道自己不懂市场。

——约翰·肯尼士·高伯瑞

美国重量级经济学家

市场会一直保持不理性，持续的程度让人无能为力。

——约翰·梅纳德·凯恩斯

宏观经济学之父

除非你打算全年无休，否则不要靠一己之力玩投资游戏。投资是零和游戏，因此在进行每项交易时，都要能看穿交易对手想用什么方法逐利。交易对手通常是各证券公司的从业人员，这些人只想要炒短线，而且还会找笨蛋帮自己炒短线。大多数时候，你都无法赢过他们。

——加里·马克斯

不论是进行投资、经营企业还是个人理财，都有技艺层面与技术层面的区别。投资活动的技术包括各种技能，例如看清自己接收的信息是真正反映市场状况的研究、是媒体炒作还是营销的噱头；例如要用尽心思做足功课；又例如有系统的规划投资方法来避免一般的情绪反应。一定要先开始熟悉这些技术，才有可能练就直觉等高级技艺去指引自己的投资方向。缺乏技术就不能完全按照直觉操作，否则这会让自己损失大笔资金。投资是一种试炼胆识的游戏，不仅具有高度的专业性而且极具风险性。如果运用各种外行的技术操作，可能会让自己受骗、深陷其中、牺牲睡眠并且赔上大笔财富。从实践上来说，投资技术可以帮助自己安全地累积财富、合理地规划退休计划。但是技艺可以帮助自己思考如何运用这笔财富让自己每天都能过上幸福与健康的生活。在技艺与技术间求取平衡是非常重要的。

——加里·马克斯

三 信守避险原则

构建投资组合一定要以避险为原则。就算你不采取任何其他行动，仍要把避险当作投资第一要诀。要建立成功的个人投资组合，关键是不要赔钱。设定目标，让自己稳稳获得8%～10%的年投资回报率。不要遭遇太多波动，甚至完全没遇到波动最好，然后运用这笔收入规划自己的生活。这么做可能无法让自己赚到意外之财，却可以有效避免遭受重挫。

1. 投资前的准备

在开始投资前，应该先做到下列几件事：

(1) 清偿所有债务——尤其是信用卡债务，绝对不要用别人的钱投资。

(2) 在投资之外，要持有一定现金作为缓冲——现金要足以支付自己至少3个月的开支，还要准备急用资金。

(3) 购买自用住宅——这是很重要的心理支撑力量。

2. 进行投资的方式

做完上述几件事后就要检视自己有多少资金可以投资了。可以采取下列做法:

(1) 用比例来评估投资绩效,而不是用实际金额——以同样是价值 200 万美元的投资组合来说,说自己损失 1% 比较容易,但要说自己把 2 万美元给丢了就会难很多。投资看的就是涨、跌的比例。

(2) 不必去找投资顾问公司、理财专员或是理财规划师——个人的投资策略其实很简单,根本不用浪费钱雇用这些人听他们说些自己早就知道的事。同样,也没有必要规划出 10 年投资计划,因为在这么长的时间里,市场情况一定会发生一定变化。

(3) 善用定期定额的投资方式——所谓定

期定额就是长时间持续投资，拨出固定比例的资产分期买进投资标的，每次买进固定比例。实践上就是每年投注两笔资金，让自己整体投资组合中的配置更趋近于原先比例。如果投资组合中有任何一个部分下跌，买进的价格就会低于自己最初的设定。同样，如果有任何一个部分大涨，就表示自己已经靠先前投注的资金赚到钱了。

运用定期定额的方式投资指数股票型基金，就可以在风险不高的条件下，参与每一波市场的大涨格局。采取定期定额的投资方式，持续投资10～15年，就等于是为自己拿到一手好牌。

3. 未来百万富翁的投资组合

所谓“未来百万富翁”的标准是，目前个人资产净值在150万美元以下。

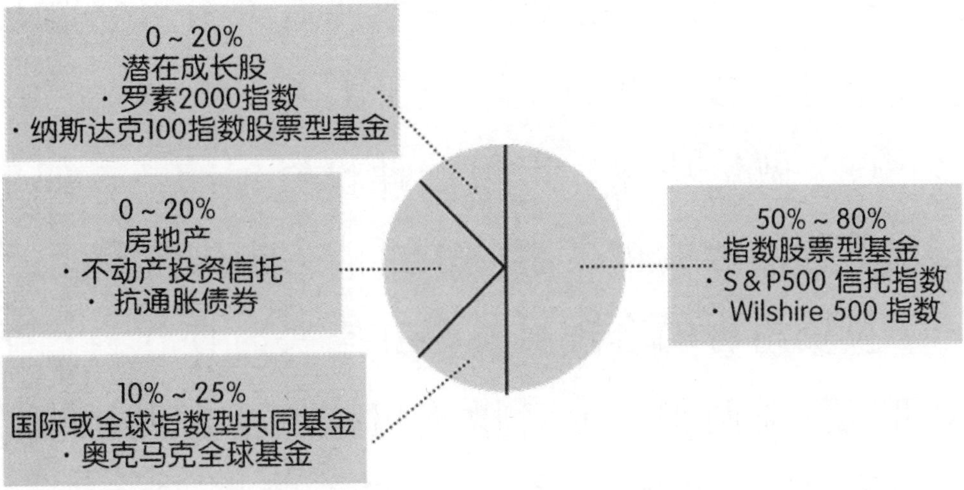

4. 资深投资人的目标与标的

根据经验法则，刚开始从事投资时最重要的目标应该是让个人的资产净值增长。只要跨过了150万美元的门槛，接下来的重点就会转变成保本。尤其重要的是，不要让自己变成“前百万富翁”。

只要自己的投资组合净值超过150万美元，就可以称得上是“资深投资人”。在这个时候，真正的投资目标应该是：

（1）不受市场影响——能够在事先有效避险，这样不论市场今后是涨是跌，投资效益都会不错。

（2）广泛分散投资——即使有部分经济领域表现不佳，投资效益也不至于太差。

（3）做足功课，审慎选择投资标的——如果表现不佳的标的被套牢，很可能会损失惨重。

投资组合的合理目标是在空头时期让自己至少可以损益两平，或者微幅超越市场表现，并且在多头时期亮丽成长（年投资回报率10%～15%），而且一切成果都还要在极低的风险和波动下达成。如果每年都能达成这样的投资目标，最后的绩效一定会优于过去所有人提出的方法或策略。与此同时，许多投资人已经习惯的风险和波动都可以完全排除。上述种种目标都是相当值得追求的。

个人资产净值达150万美元以上的资深投资人，其投资标的通常包含下列3种类型：

（1）避险且不受市场影响的标的——这类投资标的包括：

◎资产融资或资产担保证券。

◎担保债权凭证或不动产抵押债权凭证。

◎各种结构融资和期权交易。

◎房贷和特殊融资。

◎私募股权组合基金。

◎长期/短期股票交易。

（2）避险基金——投资由专业人士管理的避险基金，基金经理人是世界级的，而且在投资操作上是非常保守的。

（3）组合式避险基金——建立投资组合，分散投资50～100只避险基金，每只基金都由不同的经理人管理。

要投资上述各个领域，需要投入大量精力去做足功课，而且胆小的人不能这样投资。仅凭过去的管理绩效，从各个基金经理人中找出顶尖经理人不是那么容易的，因为过去的绩效是可以用各种方法操纵的。这又是一个了解不深的话可能让自己陷入险境的领域。个人净资产高的投资人必须自己下功夫研究，以找出符合他们需求的绩优投资标的。

关键思维

要建立成功的投资组合，关键是不要赔钱。对于身价超过200万美元的人来说，在多头和空头的市场周期中进行投资，税前的年投资回报率稳定维持在8%～10%可能是最典型的目标，而投资各种稳健经营的基金能够帮助你达成这项目标。避免进行过于积极的投资是非常重要的，这样就可以把整体投资组合当作分散投资，从而达成这项目标。在积极投资标的上损失得越多，其他标的就必须创造越高的获利才能弥补损失。最终，这种投资方式实际上是很难成功的。

——加里·马克斯

四　建立全面的投资组合

与其时时想买进更多回报率更高的资产，导致自己所有的空闲时间都被占用，还不如好好厘清自己投资的了结点在哪里。要把自己的投资、职业生涯以及生活视为不可分割的整体，不要以为可以等到自己累积足够财富再去分别处理这几个方面。成功的投资可以为自己带来平静的生活和充裕的时间，努力获取这种益处而不是把自己以后的人生全部投注在金钱上面。

1. 人生财务 3 阶段

一般而言，理财规划师帮客户制定 5 年理财计划的收费都在 5000 美元以上。尽管如此，这些计划能准确反映市场的概率几乎是零。市场有太多迅速变化的状况，这些计划很难跟上形势的演变。要建立理财计划首先应该了解个人的财务状况，这会分成下列 3 个阶段：

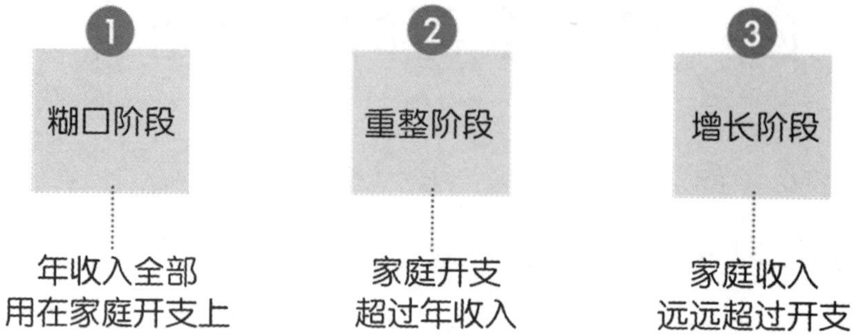

了解上述 3 个阶段是进行合理理财规划的根本。不用说，我们都希望时时处在增长阶段，但是人生往往诡谲多变，我们根本不知道明年会面临什么状况。要尽可能保持在第 3 个阶段，关键是要制订家庭预算，家人都能理解并且遵守这样的预算规划。

合适的家庭预算应该包含下列要点：

（1）如果已婚，要靠双方共同经营这笔资金。

（2）必须把税赋计算在内。

（3）必须拨出特定资金用于家庭娱乐。

（4）要让所有成员在经济压力最小的情况下享有美好的生活。

（5）让自己享有均衡的生活。

其中最后一点特别重要。不要花一辈子的时间想着怎么赚钱，也不要先花大部分时间让自己在工作上有卓越表现，再回过头来花大部分时间让自己成为最顶尖的投资人。这样最终只会让自己跟现实生活脱节，使家庭不和睦，而自己也会变得麻木不仁。

2. 平衡的人生

人一定要在个人工作和生活之间取得平衡，就像建立均衡的投资组合一样。不论市场怎么变化，均衡的组合都一定会增长。要在个人工作和生活间取得平衡的一个方法就是，努力按照下列方式分配自己睡眠以外的时间：

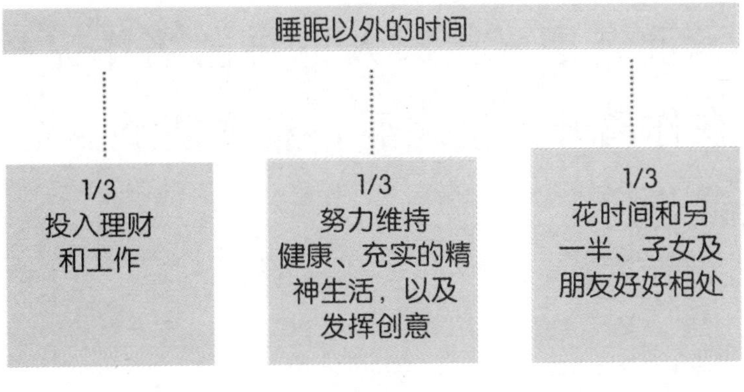

换句话说，时间永远不够我们做完每一件事情。如果把时间大量花在职业生涯和投资活动上，生活很可能出现严重失衡。必须把自己的职业生涯、投资活动和个人生活视为一体。

下图明确地说明了获利了结点的概念：

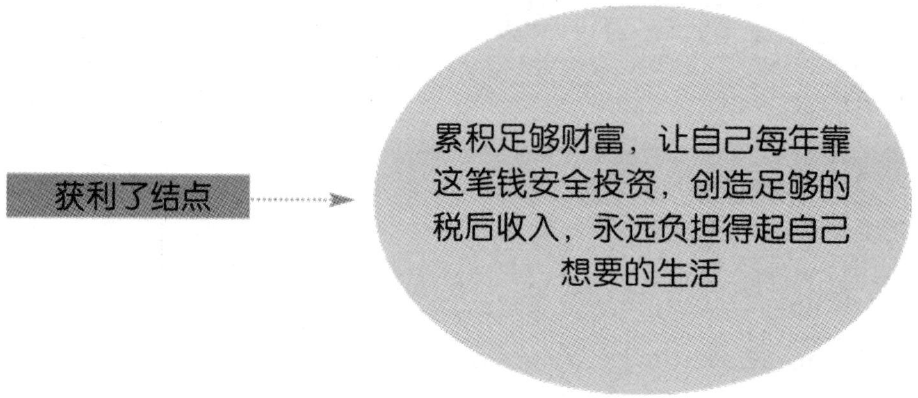

只要在生活的各个层面之间取得平衡，就能真正把获利了结点抛开，从而过更充实的生活，也就能全心为自己及自己亲近的人创造真正的生活乐趣。重点是要让家人把自己当作完整的人，而不是在你离开人世之后，看你能够为他们留下多少金钱与房产。

3. 超越获利了结点之后

要让自己的投资成果远远超越获利了结点，可以采取下列做法：

(1) 修正自己的梦想和志向——不要认为自己必须无穷无尽地长时间工作才能尽情消费。要满足于自己的经济能力，让生活开支低于自己的财力。

(2) 尽力保持上进心——但是要记住，空闲时间是世上最珍贵的东西。不断获取更好的工作表现，同时也要把时间好好投入在个人的生活上。

(3) 不要忘记，所有价格昂贵的物品都会带来许多麻烦——不必大费周章地去购买私人游艇或飞机，除非你是经过深思熟虑才决定购买的。

(4) 谨慎规划人生——规划投资计划、退休计划以及紧急应变计划。事先跟自己的另一半讨论，如果出现特殊状况，该怎么让生活开支低于自己的财力。这能够让自己的心情保持平静，并且有信心面对各种状况。

（5）找到自己热爱的事业——积极地规划自己在 80 岁甚至 90 岁后要忙些什么。热爱自己从事的事业，就不会老想着退休后赋闲在家，无所事事。要乐在工作。

（6）运用财富来建立最重视的人际关系——不要一心只想着工作，以免自己最后只知道赚钱、存钱以及投资。有许多更美好的事物值得自己投入时间，不要只顾着不断购买昂贵的资产却从来没有时间好好享受这些资产。

关键思维

经营人生的技艺是发掘自己的创意、寻找自己的心灵寄托或人生信仰、找到事业的合作伙伴，以及与帮助自己成功的人分享人生中获得的成就与财富。经营生活的技术则是让自己的财务状况和事业步入正轨、安然无忧，同时充分授权，保持前瞻的眼光，预先进行规划。但是规划要做的不只是事业计划或投资计划。我所说的计划是，实现自己的人生目标和梦想。只要停下脚步思考，你就会发现：把自己所有的时间都用来想该怎么理财，其实是大大浪费了这笔财富。

——加里·马克斯

正如一位伟大的精神导师所说："成长只有两种方式，一种是年纪成长，这会让我们迈向死亡；另一种是心灵成长，这会让我们更亲近上帝。"如果我们只是徒长年龄却没有随着时间成长，那么花在自己身上的钱可能永远无法达到预期的效果。我们寻找的满足通常会不断从我们手上流逝。

——加里·马克斯

我所说的内容，大多数股票经纪人或理财专员都不会告诉你。毕竟，向你推销美国国库券是不足以为生的。此外，他们也会非常乐见你相信分散投资能够让自己远离投资失败的窘境，但是根本没有人可以保证这一点。事实是在理财过程中的某个时间点，任何一种传统的投资策略都可能风险过高，以至于自己再也无力承担这样的风险。像获利了结点这样极度疯狂、彻底保守的观念会重创华尔街的核心。如果投资市场中最主要的大户都不想再继续投资，那么股票经纪人、理财专员以及避险基金经理人又该怎么赚钱？

——加里·马克斯

在回答“该怎么运用自己的资金进行投资”这个问题时，如果你不深入地进行思考，浮现在脑海中的可能是各种错误、陷阱和迷惑，而不是真正的答案。最务实、最成功的答案终究必须回到自己希望过什么样的生活，以及希望用什么方式投资，而不只是想买卖哪只股票、哪个避险基金、共同基金或是哪处不动产。面对交易对手时，你只要锁定“到底要为谁效力”这个问题，就能让自己避免跟不理想的人或组织打交道，因为这些对象是我们根本不想接触的。这么做可以避免让自己沉溺在投资的赌场中，因为这种赌场会用各种各样的方法击败我们，毕竟场子根本不是我们的。总之，避免各种伴随财富与权力而来的陷阱，或许会让我们的另一半以及子孙后代从自己身上继承比土地或财富更有价值的东西。

——加里·马克斯

10 种财源，一生财富

Multiple Streams of Income

How to Generate A Lifetime Unlimited Wealth

原著作者简介

罗伯特·艾伦（Robert G. Allen）借研习会、书籍和视听教材，教大家如何累积财富。他著有《零首付》和《创造财富》，这两本书高居《纽约时报》畅销书排行榜第一名。艾伦也是“赖利·金现场”和“早安美国”的节目常客，并曾成为《华尔街日报》、《巴伦周刊》、《大观杂志》、《人物》和《读者文摘》等刊物的封面人物。艾伦拥有杨百翰大学的MBA学位。

本文编译：陈正芬

主要内容

关键词解读

投 资

投资指的是购买具有增值能力的资产，以期获得收益与资本利得。投资和投机的区别在于，投资是指在承担适当风险的条件下，追求未来能赚取长期、稳定的回报；而投机则追求短期暴利，并且承担较高的风险。

与美国的沃伦·巴菲特享有同样地位的德国知名投资大师安德烈·科斯托兰尼以自身长达80年的投资经验，将投资的精髓归纳如下：①投资者有两类，固执的投资者和犹豫的投资者。固执的投资者必须具备4种要素：金钱、想法、耐心和运气。胜利者是固执的人。②敢与众不同和逆向操作，这是成功的秘诀。③指数取决于一件事，就是傻瓜比股票多，还是股票比傻瓜多。科斯托兰尼认为在投资市场中，每个人都应该做

“投资者”，而不是“投机家”，因为只有少数的投机家会获得最后的胜利，但就长期来看，投资者只要用小量的金额就能累积巨额财产（摘自《一个投机者的告白》）。

信息创业家

信息创业家是指为市场上大多数人提供其所需要的信息，并加以创造、包装和营销，然后从中获取利润的一部分人。雅虎的创办人杨致远就可以说是信息创业家的典范。随着互联网的兴起，雅虎不断转型，从数据库转变为信息媒体，进而成为更宽广的信息交换平台。雅虎成功的秘诀就在于能不断提供别人没有的服务，满足客户需求并提高客户的使用量，进而获得利润。

选择权

选择权是一种允许买方在某个特定期间，以约定的价格买卖某标的物的权利。买进标的物的权利称为买权；卖出标的物的权利则称为卖权。选择权的买方须支付权利金给卖方，卖方则必须缴纳保证金，以避免出现卖方违约的情况。一旦买入标的物的市价高于合同所定的履约价格，这时买方就可以按照履约赚取价差。但是当标的物的市价低于履约价格时，此权利便没有价值，拥有买入选择权的人可以放弃履约而只损失权利金。当买方放弃履约时，选择权的卖方可以赚取权利金；但当买方履约时，卖方可能要负担很高的价差。若投资人预期未来股价会上涨，则可买入买权享受股票的利得，同时以较低的价格取得股票；若是预期下跌，则可买入卖权，这样当股价下跌时，便可用较高的履约价格出手，赚取价差。无论是买权或者卖权的买方，都有权提出履约的要求，但是卖方只有接受履约的义务，不能要求买方履约，双方的权利义务并不对等。

5分钟摘要

单薪、双薪，你现在需要10种收入

要想财务独立（不论你怎么去定义财务独立），你应该学会并运用7项必要的理财绝技：

#1 —— 重视 #2 —— 控制 #3 —— 储蓄	**阶段一：起步** 学会控制自己的现金流， 并养成有效理财和投资的好习惯。
#4 —— 投资 #5 —— 赚取	**阶段二：累积** 把不同来源收入组织成特定的财源组合，并且让财富持续增长，最后给自己带来安全感和应变能力。
#6 —— 保护 #7 —— 分享	**阶段三：传给后代** 学会运用一套财务策略，不但能保有财富，未来还可以传给子孙后代。

关键思维

这一切给了你什么？答案是，一种随心所欲的生活方式。西班牙有句谚语把这种生活方式的精髓表达得淋漓尽致：健康、金钱和爱情，加上享受前 3 项生活要素的时间。生命中大部分令人开心或者失望的事大都源自你对金钱的决定。究竟是想体验心灵宁静还是让自己焦虑不断？关键在于你是否能把钱管好。

——罗伯特·艾伦

一 起步

技巧 1：重视

技巧 2：控制

技巧 3：储蓄

前 3 项技巧为以后成功理财打下了基础。除非你了解金钱的价值，否则你不会铆足全力管理自己的金钱。无法管理自己的金钱就永远没有办法储蓄及投资。除非养成储蓄习惯，否则你永远没有闲钱可供投资。

累积财富和获得财务自由永远是建立在健全财务管理技巧上的。除非具备这些技能，否则众多财源也只是过路的财神，你几乎捞不到任何好处。

在开源之前，先看看你目前的现金流去哪里了。一般来说，你的财务状况大概会像这样：

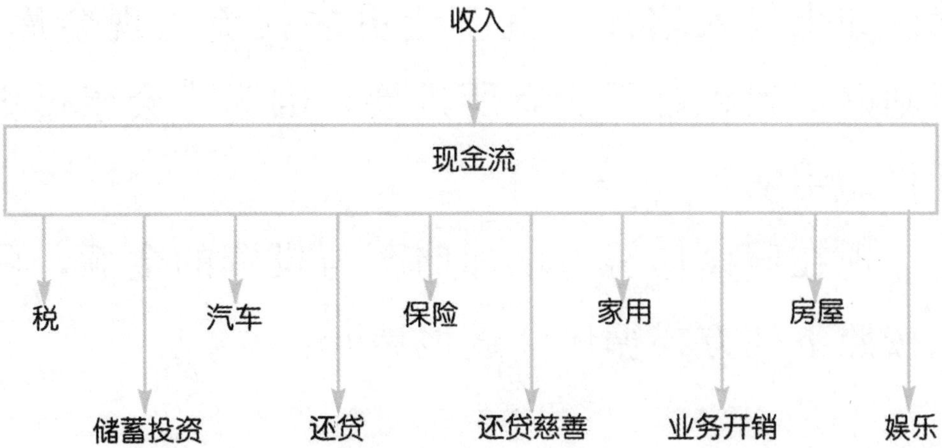

先不说别的，在启动财富累积计划前，你首先应该建立一套专属于自己的系统，追踪并辨识目前现金的流向。你必须持续这么做，否则将永远止步不前。

开源的目标不仅是只拥有一种收入来源，而是要有多种收入来源，以保证让现金不断流进现金库。理想的情况是随时有 10 笔财源不断流入，但这很可能是长期计划。在未来 10 年内，你应该试着每年开辟一项新财源。

然而别忘了，只有把更多现金流引导到“储蓄投资”方面，你才有可能累积财富。换句话说，即使你有多达 10 笔收入流进现金库，也要让其他方面的现金流流向现金库，而不是维持现状。如果收入增加，就应让更多钱流入现金库，否则财富累积就无法有所进展，因为你会想过更奢侈的生活。

现在假设你努力增加储蓄与投资的金额，可以按照下列方式循序渐进地展开：

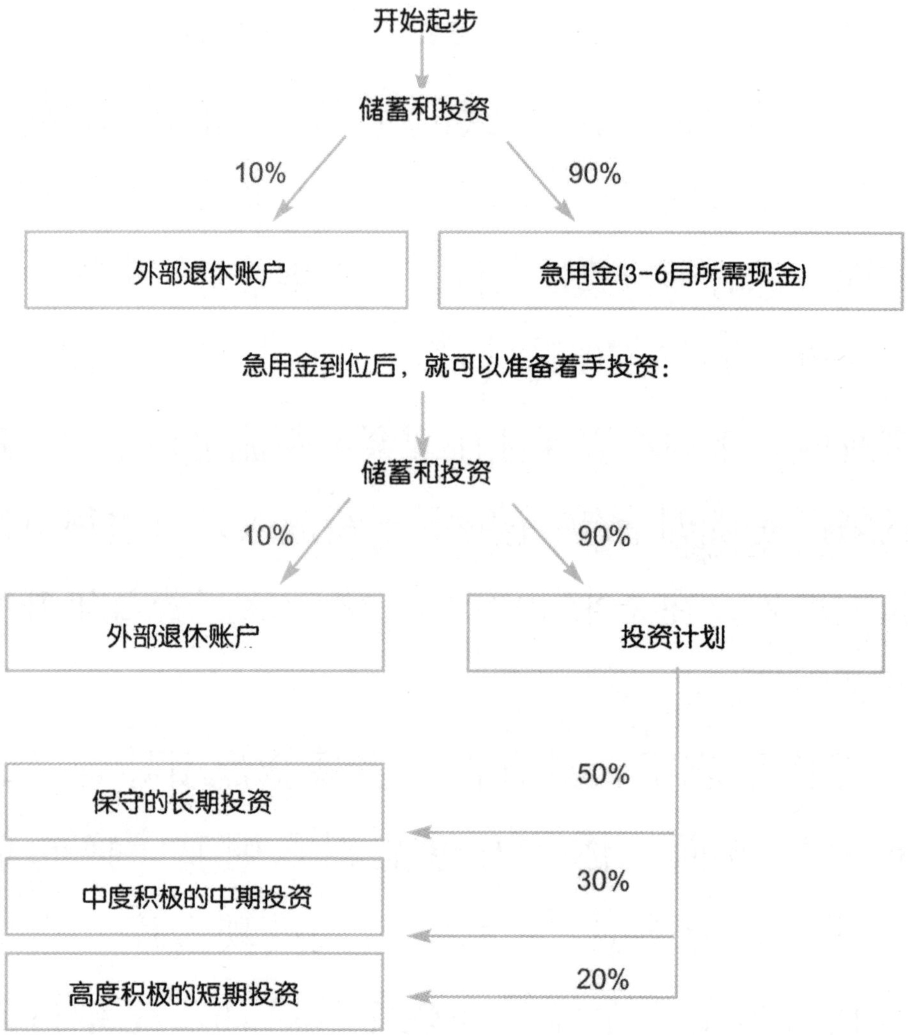

从此以后，理财的重点将是增加流进现金库的现金，但方法不是从现有的财源赚取更多钱，而是要着手找出许多不同而独立的财源。理想财源的 9 项特点可以概括成 MONEY TREE 的公式：

M（Multiple income streams）——多重收入来源：基于财务安全的考虑。

O（Oustanding）——杰出：提供高品质的产品和服务。

N（Nothing down）——免头款：在几乎不挹注资金的情况下成就事业。

E（Employee resistant）——免雇用：外包而不雇用员工。

Y（Yield）——收益：制造获利极佳的现金流。

T（Trends）——趋势：走在趋势前端，并顺应趋势。

R（Residual）——残余价值：无需持续工

作的收入。

E（Essential）——不可或缺：人人需要的产品和服务。

E（Enthusiasm）——热情：用热情卖你喜爱的东西。

二　累积

技巧 4：投资

技巧 5：赚取

累积财富的方法是培养赚钱和投资获利的技能。过去，一个家庭只靠单一收入（譬如薪水）也能生活，如今几乎每个家庭都得依赖双薪，未来更需要有来自不同收入的财源组合。这样万一其中一笔收入因为某种理由中断，你就仍有可以调节的空间。

10 种财源：

1. 投资股市

长期以来，股票增值的速度比任何投资形态都要快。因此，股票应该是建立个人财富计划的必要收入来源。

要想从股市投资获利，你必须做到以下

几点：

（1）计划持有投资 20～25 年——持股越久，风险越低。若你想趁股市大起大落时买卖股票，不赔钱就算你走运。相反，如果你买了股票并至少持有 10 年，最好是 25 年，这样你就有时间弥补市场下跌那几年带来的损失。

（2）购买由市场上所有股票构成的指数型基金——投资指数型基金等于自动分散风险，将风险分散到整个市场，而不会受限于少数几只股票的绩效。投资指数型基金等于赌整个市场会上扬，这是相当稳健的下注方式，因为从 1950 年以来，市场上扬了 40 年，下跌的却只有 10 年。

（3）每月增加一点投资——很显然，越早投资，钱替你工作的时间就越久，回报也就越大。多数人没有一大笔钱可以投资，如果要等到累积了一大笔钱才投资，也许就永远不会跨出投资的第一步。所以说，比较好的办法就是每个月定额投资。

每月定额投资不但能帮你逐渐累积资本，也会因为“平均成本投资法”（或称“定时定额投资法”）的效应而获益。一旦市场暂时走跌，就是用较低价加码买进的机会。当然，只有持续按时地投资，平均成本投资法的优点才能发挥出来。

实际上，每月存下的资金约半数应该投入这类长期投资，目标是替投资组合建立保守的基础，并创造未来的财富。

市面上有关股市投资的信息到处都有，大体上，多数信息都该被忽略，因为你的目的并不是要算准进退场时机，而是着眼于长期，所以目前的热门股是什么，又或者专家说了些什么其实并不重要。听到哪个行业出现投机获利时，别担心，那只是商业上正常起落的一部分。你的重点反而应该是买更多股票，然后尽可能长期持有。

2. 加速股市收益

假设你制订了保守指数型基金投资计划，现

在就可以把3成储蓄分配给中度积极的股市中期投资。

你可以利用这些钱投入下列标的：

（1）投资沃伦·巴菲特的专业经验——买进波克夏哈萨威股票，或波克夏哈萨威B股。

既然巴菲特已经证实自己是有史以来最成功的投资者，就请他帮你管理投资基金吧！

（2）投资纪录最悠久的共同基金——那些长期（至少10年）绩效表现最优良的基金投资者的投资策略显然是正确的。因此，这些基金未来也许还是会有胜算的，好运总是站在他们的投资者那边。买进吧！

（3）投资老牌理财顾问所推荐的股票——《休柏理财文摘》长期追踪顶尖理财顾问在15年期、10年期、8年期、5年期的绩效。听从老牌理财顾问的忠告，其他都别管。

（4）投资道琼斯工业指数中股价表现最差的股票——道琼斯是由30只股票组成的，找出获利率最高且收盘价最低的 5 只，并且投资这些股票。这 5 只股票的绩效通常都会超越道琼斯的整体表现。

（5）考虑投资强化型指数基金——强化型指数基金就是一种共同基金，目的是为了获得数倍于其所追踪的指数的获利，例如有些这类基金试图赚取标普 500 指数 1.5 倍的获利。投资这些基金可以使投资组合的获利倍增。

（6）考虑投资类股基金——美国股票市场分成 196 种行业类别。类股基金的投资组合应该是在单一类股内以绩效最佳的股票作为投资组合。投资锁定经济体中“热门”类股的基金可以获得高于正常的获利。另外还有些共同基金可以帮你包办所有工作，比如由“富达精选基金组合”提供的“分散类股基金强力组合”或“焦点类股基金强力组合”。

第一笔财源随市场逐流，第二笔财源则试图战胜市场，因而你需要多花点时间、多做点功课才会成功。没有人能每年都在市场保持不败，但若加上一点运气，或许好几年都有中上等的成绩。

3. 让投资一本万利

假设你已经把半数资金放在第一个保守的投资标的，30％放进第二个中期投资，现在你可以把剩余的20％分配给短期的积极投资来试图将每年的本金翻两番。

若想这样，你要利用下列两种方式：

（1）财务杠杆——借钱买更多股票。

（2）选择权——签订未来买进股票的合约。

此外，还有下列更积极的投资策略：

（1）卖出买权保证金——你可以针对自己的任何股票卖出买权，也就是他人可以在特定日期、以特定价格购买你拥有的股票的选择权。这种选择权会出现下列两种情况：

◎履约——锁住你的获利。

◎到期解约——意味着你把买权成本装入

口袋。

卖出买权可以提高股票的短期回报，最差的情况是，如果你的股票增值而选择权被履行，你也一定会获得特定金额的售股收入；如果买权未被履约，你也从股票上赚到现金回报，把回报提高到股价增值的幅度以上。

（2）买进买权后卖出：对卖出买权产生些许信心后，接着可以买进买权后卖出。这些合约本身可以根据其持有人的选择而进行买卖或履约。

由于这是相当专业的投资，你在试图从中获利前，需要做一点有关选择权的功课。芝加哥选择权交易所有很多不错的自学课程，详情请访问 www.cboe.com。

再次强调的是，这些策略仅限投资现金流的 20%，而且只为了制造让人眼前一亮的短期获利，绝不能成为投资策略的全部。

适用于这类投资的 6 项规则如下：

（1）真正把钱投入前，先用纸上的投资组合练习操作，并建立成功的记录。

（2）别把输不起的钱拿去投资，因为这是个高风险、高回报或高损失的领域。

（3）在投入这几类投资标的前，尽可能把功课做好。

（4）试着找到某个懂游戏规则的人，花点代价请他教你怎么操作。

（5）别把太多鸡蛋放进同一个篮子里，设个上限，如投资单一交易的资金低于5%～20%。要谨守这个原则。

（6）要记住，任何人在多头市场上都看似风光，遇到空头市场时才回过头来纸上谈兵，别再继续亏钱。

4. 买进并持有不动产

众所周知，不动产会随时间增加而增值，虽然偶尔会出现短期修正。利用不动产投资赚钱的道理相当浅显易懂，这包括下列3项主要活动：

（1）寻找积极的卖方——有人会基于各种商

业或个人理由而成为积极的卖方。要想找到这些人，你可以通过下列多种渠道：

◎阅读报纸上的分类广告。

◎跟中介和不动产经纪人谈谈。

◎持续关注每天打交道的房东。

◎开车到你看中的地段附近转转。

◎跟负责没收抵押品的银行职员聊聊。

◎参加不动产俱乐部、联谊会和相关团体。

如果你能找到积极的卖方，因为他巴不得赶快出手，那么你就有机会用好价钱买到不动产，从而达成一笔有创意的购房交易。

（2）有创意地替物超所值的不动产寻找融资手段——一旦你发现某人想卖不动产，接下来的挑战就是怎么谈妥融资协议，好压低买方的支付款项。实际上通常可以利用以下方法达成这个目的：

◎提供卖方抵押品或本票之类的担保品。

◎提出租房加上买进的优先选择权。

◎提供其他产品或服务并当作部分押金。

◎利用押金、个人贷款或信用卡。

◎找可以提供押金的伙伴一起投资。

通常要达成不动产交易，关键是买方必须以解决卖方困境的姿态出现。如果卖方信赖你，而你又能精确地抓住对方的需要和要求，那么最好让交易结果成为双赢。如果对方认为你努力促成的条件是公平合理的，而且符合他们最迫切的需要，那么你就会提高成功的几率。

要记住，有创意的融资无法让一笔烂交易变好，但会使好交易更棒。烂交易意味着没有获利潜力，也就不值得花钱去买，即使是一分钱的头期款都不应付。别把宝贵的现金固定在单一的交易上，还奢望某种原因、某个地方或某件事情会改变这个交易。

（3）从现金流或增值中产生获利。好不容易努力买下了不动产，你就可以用以下方式替自己制造财源：

◎继续以房东的身份把房子租出去。

◎转卖不动产赚取差价。

买进不动产后，持有的策略重心在于赚取现金流。换句话说，不动产依然是长期投资组合的一部分。你只是把不动产分租出去，用租金支付抵押贷款和其他持有成本，所以事实上你拥有一项会增值的资产，而且会逐渐稳定地回本。

在理想情况下，你应该每年买进一项不动产，利用出租这项资产来创造现金流，以追求长期增值的利益。此外，你还应该每年再买进另一项不动产，在接下来的一年到一年半的时间内转手卖出，从而赚取增值的利润。

5. 利用法拍屋和承购权

由于不动产是不具有流动性的投资标的，因此房东有时会陷入财政紧缩的困境，这时就有可能出现廉价出售的机会，从而为你带来一笔意外之财。

这种机会通常可以从以下两种途径中发现：

（1）法拍屋——美国每个月有近33500套住房被法拍，每年只要能买卖一套法拍屋，收入就很有可能超过你的正常年薪。有时，你甚至会遇上特别廉价的交易，利润多到足以让你一辈子衣食无忧。

购买法拍屋的时机有：

◎在法院尚未提交不履行告示之前。

◎在公告法拍之时。

◎在正式的法院拍卖场合。

◎在法院拍卖后。

每个进场阶段各有优缺点。一般来说，法院拍卖过后的弹性最大，因为在那个时间节点，抵押品的持有者会急于将物件出手。唯一的问题是，如果你常常都等那么久，那么别人很可能会捷足先登。

要记住，人越急于脱困，出现弹性的机会就越大，因为此时他们其实只有两种选择：

◎降价直到买方愿意接受。

◎提出更优惠的融资条件。

简单来说，想在不动产上捡便宜，法拍屋是获利异常丰硕的一种。针对当地有哪几类法拍屋的机会，建立自己的信息来源，然后开始积极投入。

（2）承购权——买方可以与不动产所有人签订具有法律约束力的合约，在双方同意的日期、以双方同意的价格买进不动产。这就叫承购权。

你在签订合约时，可以指明由你本人或指定人来履行合约。实际上你可以把承购权卖给别人来赚一笔（只要在承购合约的签名处后面添加“且/或指定人”字样，你就可以合法容许这种情形）。

总而言之，多数人认为不动产属于平缓稳定增值的长期投资，这的确是投资不动产的一种理由，但不是唯一理由。利用法拍屋和不动产承购权是从不动产中获得短期财源的可行方法。

6. 购买租税留置权凭证

赚取18%～50%的利息不是梦，因为有政府保证获利，方法就是买进租税留置权凭证。

租税留置权凭证由美国各地3300个郡和地方政府发行，以不动产所有人所欠的过期和到期税额为担保。由于地方政府需要经费来支付必要服务，于是就创造了租税留置权凭证并出售给民众。如此一来，政府筹得所需的经费，而租税留置权凭证的持有者则拿到以滞纳金和罚金支付的利息。

本质上，租税留置权凭证相当于市政公债和国库券。身为投资人，你先买进凭证，当政府收到过期税款时就会寄给你一张本金加利息保证兑现的政府支票。

租税留置权凭证的面额大小不一，从10美元到100万美元不等。每张凭证的回报由法律制定，而且美国各州、郡金额不同。这些凭证通过公开拍卖出售，即使是不持有执照的经销商也可以购买。

简单地说，租税留置权凭证是建立另一种财源的绝佳机会，主要原因如下：

（1）你可以从小钱起步。

（2）你可以获得22%或更高的政府保证消极利率。

（3）政府负责收取未缴纳的税款，以偿付你投资的回报。

（4）你无需经验、特殊技能、资格、执照、培训或证书就可以购买。

这时你就会知道，为何这种投资标的有“美国不宣之秘”之称，为何以往那些“业内人士”仅限于国内最有钱、最聪明的少数投资人。

7. 利用网络营销

在电脑能够更有效率地追踪业务成果之后，网络营销变得更细化也更强大，如今网络营销代表一种真正的赚钱机会。

要成功做好网络营销，可以采用以下方法：

（1）找对公司——从现有的数百个网络营销计划中，挑选出能提供以下各项要素的业者：

◎你自己使用的产品和服务。

◎能赚取源源不断收入的薪酬计划。

◎健全的公司与管理团队。

事实上，在决定是否加入互联网公司前，有个问题要弄清楚："我必须让多少顾客注册才能每月多赚到500美元？"业绩标准越低越好。如果一般人都可以很容易赚进稳定收入的话，那么有关业务的其他大小事自然会水到渠成。

（2）利用最棒的营销系统——别试图把产品卖给你认识的每个人。列出你认为可能想赚外快的21个人，然后寄给他们一整套资料并且追踪大家的反应，目标是让其中一位同意成为你的组员。

在这个人加入你的行列后，让他帮助你从自己认识的21个人中再收编1～2人，以此类推。不要太贪心，要慢慢把营销网络建立起来。别试图每月马上就能赚进几千美元，在你学习这套系统时，只要试着每月多赚几百美元即可。

在当地报纸上刊登便宜的分类小广告，这样就能事半功倍地招兵买马。这些广告应该强调，大家有机会在家完成低成本、高回报的事业。只要有对你寄送的信息有所回应的人，我们就把一整套资料寄给他。

（3）要用对领导体系——网络营销长期成功的关键是，有效地管理员工并培养领导者。因此，你必须通过以下方法建立有效的领导体系：

◎每周举办领导培训课程。

◎每周替团队新成员安排培训大会。

◎每周召开招募新人视频会议，用来支援团队。

只要做好这 3 件事，你就可以培养并强化团队内部人员的技能和专业知识。久而久之，你的网络营销组织就会越来越有能力自给自足。

实际上，网络营销是一种利用口碑推荐来获

利的有效方法。它也是关系营销的终极应用，你可以利用个人推荐来创造财源。好的网络营销计划除了会有由于很多人帮你赚钱而形成的杠杆效应外，还具有细水长流的本质：过去的努力可以让你在未来赚取源源不断的收入。

8. 成为“信息创业家”

信息营销是新千禧年最令人兴奋的商机。通过从销售信息中获利，你就能把热情或专业知识转变成终生的现金流。

营销信息成功获利所需的 3 项关键技能如下：

（1）锁定大家极有兴趣的领域——精明的信息创业家会不断搜索迎合市场上多数人即时需求的点子，一旦锁定某个市场，他们就致力于创造、包装和营销，制订能够解决整个市场共同问题的即时解决方案。

其实要做到这点并不难。任何类型的专业知识只要加以适当包装并用独特方式呈现都会有市场价值的。重点在于，究竟会有多少人重视那种专业知识，他们是否能被合理地诱导、付钱去取得技能和知识。

（2）开发出足以令人难以抗拒的持续性营销计划——为了促进营销，信息营销人员可以采用广泛的营销手段，这包括：

◎印刷品：报告、新闻报纸、小册子、邮寄传单。

◎多媒体：音频或视频。

◎电话营销。

◎数码：网站。

◎个人诉求：访谈、演讲、研讨会。

最好的营销计划只专注在一种让人无法忽视的竞争优势或独特的销售提案。在这种提案中，你对潜在顾客提出明确且振奋人心的承诺，这是其他人无法相比的。好的营销应把重点放在如何快速有效达成结果，促使消费者采取购买行动上。

(3) 跟顾客建立长远的关系——好的信息营销人员在争取到顾客后，就会努力推动每位顾客循着不同价位的联合产品和服务逐渐提升消费水平：

◎20 美元以内：录音带、录像带、研讨会、书籍。

◎21～100 美元：手册、新闻报纸、套装录音带、CD。

◎101～500 美元：实地培训、热线、电话会议。

◎500～1000 美元：自修课程、互动指导。

◎1000 美元以上：个人化的密集培训。

大致说来，这种自然推进的循环强调把每位顾客的终身价值最大化，让他们从消费低成本商品，逐渐上升到比较昂贵的高端产品和服务。尽可能利用各种形式来销售信息，进而从每个点子中赚取最大获利。

信息营销是个令人兴奋的商机，因为知识产

权正在逐渐崛起，成为真正推动经济增长的财富。只要拥有好点子，又有好方法来进行包装，有一份好的营销计划，再加上一点毅力，就能利用销售信息成功创造终身不断的财源。

9. 出售知识产权的使用权

授权知识产权是一项大事业，也是创造另一种财源的绝佳方式。基本概念很简单，就是把你的点子或形象的使用权卖给别人，对方负责将你的知识产权制造成产品或服务，然后通过各种营销方式将产品商品化，同时付给你源源不断的权利金。

授予使用权有 4 项基本方法：

（1）想出可以授权给他人使用的点子——华特·迪士尼利用自己的想象力创造出米老鼠这个卡通形象。

（2）开发自己的品牌或商标，然后授权他人使用那个品牌或商标制造产品——欢腾休闲服饰、美国国家足球联盟、奥运会甚至是金牌健身房的主要收入是授权他人使用自己的商标。

（3）取得他人新构想的授权，并以这种新构想建立自己的事业——比尔·盖茨先从另一家公司取得DOS操作系统的使用权，再利用授权的现金流创立出微软公司。

（4）取得销售某项产品的权利，而且这项产品能够强化他人的产品——金霸王电池电量测试器的发明者当初就是在被金霸王最大竞争者拒绝之后，以毛遂自荐的方式找上金霸王的，最后让金霸王同意将他的产品加入包装中，并成为金霸王电池的一个附件。

想从授权的点子中开辟财源，你必须做到以下几点：

（1）利用“收费站”的概念来充实自己的想法——想出几种方法，让自己成为热门信息的持有者，这样你只需向每位通过“收费站”的人收取一小笔费用即可。

（2）表现出你仿佛已经是个成功的授权者，

留意新趋势和新构想——每当你确认有新的趋势出现时，就看看有哪些人能从中获益。主动找出这些人，询问他们其产品和服务是否有全球授权。这样你会对眼前的无限商机感到无比惊喜。

(3) 花一天时间到当地图书馆或者书店去逛逛——仔细寻找专利记录或《纽约时报》的畅销书排行榜，看看哪些发明家或作家尚未充分利用自己的点子。之后直接和他们取得联系，问他们是否愿意把信息或产品的使用权授权他人使用。

(4) 一旦获得授权，赶快找个制造商——如果这个点子能跟对方目前的业务吻合，而且又能实现双赢，那么制造商就会为你提供所需要的种子资金、存货，以及配销渠道。

(5) 让权利金收入增长——寻找其他渠道和机会，将你的知识产权授权给其他商业领域。

商业界人士大多未能充分利用所有现成的授权机会。只要眼光准确，并且能将明显的缺口填满，你就可以利用授权的创意点子轻松创造源源不断的财源。

10. 建立互联网事业

电子商务的确是历史上最具影响力的商业创新。每个人都应该思考，如何利用互联网替自己开辟长期的财源。

电子商务成功的关键有以下3项：

（1）细心策划上市活动——成功的电子商务通常围绕下列3种商业模型建立：

◎信息营销：销售信息赚取收费。

◎网络营销：建立一个组织。

◎伙伴计划：以推荐赚取佣金。

因此，不要只把目前的销售文案资料建立一个电子版就完事，而是要根据以上一种方法发展独立的网上业务。换句话说，在进入电子商务前，你要先想好利用互联网赚钱的策略。

（2）把每件事自动化——别花钱找员工来帮你做营销、库存管理、运送、客服和整理各种书面资料，你可以通过网站将每件事情自动化。利用下列工具，你就可以轻松应付这些工作：

◎统计软件：分析网站流量。

◎电子邮件范本和自动回复功能。

◎列表服务器：顾客姓名和电子邮件地址的数据库。

基本上，只要你能够合理有效地运用科技，你的电子商务就无需任何员工。你可以利用科技帮你做所有该做的事。

（3）利用互联网的流量营销——这是电子商务成败的关键。若要想出好的营销点子，就试着把自己当成潜在顾客。想要知道顾客最可能以哪种方式来找出你的网站，你可以试试以下的方法：

◎利用搜索引擎购物。

◎注意所有顾客想要阅读的内容。

为了更面面俱到，你可以和其他站主聊聊，看什么方法对他们最管用。然后，你可以利用自己的想法去制订一个行动策略替网站制造人气。

最常见的方法如下：

◎在离线广告上刊登你的网址。

◎到每个搜索引擎登记你的网站。

◎参加网上新闻群组并发布信息。

◎出租电子邮件名单，并发送邀请函。

◎利用互联网的免费分类广告。

◎利用免费横幅广告、外部链接和交叉促销方式。

◎利用付费的网上广告。

◎用传统离线直销方法。

显然，互联网将对未来商务产生重大影响。因此，每个人都应该积极参与到开发和建立网上业务中来。久而久之，这部分会成为越来越重要的财源。

三 传给后代

技巧 6：保护

技巧 7：分享

最后两项理财技巧强调的是整体理财目标。成功累积财富之后，必须懂得如何保护财富，并运用这笔财富来创造更丰厚的遗产，留给子孙后代。

成功开辟财源后，你必须找到留住钱财的有效方法。换句话说，你必须管理自己的财务，让应付税款至少降到最低，最好是完全消除。

要记住，税法不停在变，但一般来说规则如下：

(1) 利用个人退休账户、退休储蓄等退休计划来累积财富——因此，你可以向熟悉税制的人好好请教哪种计划组合才是最适合你个人财务状况的。

（2）利用财务创新的方法——例如针对不同投资方式和标的来改变现金价值的变额寿险。

（3）制订一份可行计划，它能在你官司缠身时保护你的资产——全世界有94％的诉讼案来自美国，应该详查有哪些法律实体可资运用，例如：

◎有限责任公司：目的是只负有限的责任。

◎生前信托：可避免遗嘱认证。

（4）要特别针对遗产进行彻底的规划——这是另一种架构财务的方法，它可以保护你的多重财源。

假设你努力开辟了多重财源，创造了一生的财富，就要设法保护好自己的财富。接下来的问题就会牵涉到个人层面了：这辈子为什么要这么辛苦地工作？换句话说，既然累积了一些财富，要打算怎么处理这些钱？

无论你决定如何运用财富，富有本身是很不

错的。

创造财富留给子孙后代，最后的挑战是怎么实现最高效率。想有效管理自己的时间，你可以运用以下策略：

（1）不断提醒自己，时间就是金钱——永远牢记时间的机会成本，把时间合理地投资到能让你更接近人生目标的地方。

（2）利用帕累托的 80/20 法则——每天把注意力放在创造 80％结果的 20％活动上，心甘情愿地把制造 20％琐碎结果的 80％活动延后。

（3）丢掉“待办事项”，用“重要事项”取代，把琐事同能够产生 80％结果的少数重要事项分开——每天多花些时间在重要活动上。

（4）练习正向强化法——换句话说，每当做对一件事时，就给自己一些奖励。因为每个企业人士都知道，任何被评估和奖赏的事最后都会成功，所以你只要这样做，就会留下成功的纪录。

（5）永远在一天中头脑刚开始清醒的时候，

做你最害怕的事情。把石头搬开后，其他事都好办。

(6) 每天花 15 分钟左右的时间制订一整天的计划——接着开始工作，让你的生活和目标保持一致的步调，而不是像个无头苍蝇。

(7) 每天做点运动——这会让你工作得更起劲、更持久，也能够更清晰地思考。

(8) 设法让等待的时间发挥生产力——你一定会碰到这种时刻的，要做好准备。

(9) 每年替每项财源设定明确目标，然后每天审视这些目标——依据目标安排活动。

(10) 做任何事都要绝对专注——做完后再开始下一项。

(11) 学会有效授权。

(12) 养成说干就干的习惯——不论做什么，都要趁热打铁。

(13) 对于那些不能把你带往正确方向的活动——要心甘情愿地说“不”。

（14）别等到万事俱备时才行动——在成功的路上要有失败的准备。

（15）每天花几分钟检视哪些事做得好、哪里还需要改进。

（16）在每天一开始时，就要向自己发出挑战——让自己发挥最大生产力。

（17）在生活上，要维持以下与你有关的 6 项要素之间的平衡：

◎头脑。

◎肢体。

◎精神、灵魂。

◎时间。

◎生命中的重要人物。

◎金钱。

努力使这 6 项要素达到合理平衡，你就会成功。

专家解读

3000 万元新台币退休金从哪里来

文/夏韵芬

究竟拥有多少财富才算取之不竭？这个说法很抽象，有的人说只要 1000 万元新台币就够了，有人说要上亿元新台币，答案因人而异。我记得曾经有位朋友说过：“所谓拥有取之不竭的财富，简单来说，就是当你早上醒来想到新西兰走走，只拿了护照就从容地赶到机场，等着到新西兰皇后镇享受世界上最美的风光。”这种对拥有取之不竭财富的描述可以说很经典，除了阐释个人拥有充分可支配的财富外，也表明了他拥有无上的自由。

要达到这个目标，对于多数人来说都是一个梦想！但是要做到满足自己的生活所需，每天不用担心衣食住行却是人人都可以达到的理财目标。

1. 先穷一下子，再富一辈子

想养活自己，要做的第一步就是了解个人的资金需求。一般而言，人的支出可以简单地分成3部分，其中1/3拿来养活现在的自己，另外1/3存起来养活未来的自己，至于最后的1/3则拿去养活“别人”，这里指的是父母、妻子和孩子。

若将支出细分开来，一一列举。以现代人平均寿命为75岁计，如果你现在40岁，再活个30年应该不算过分，在未来的30年岁月中，你势必有衣食住行及娱乐方面的需求。

为满足住房需求，花个500万元新台币（含装潢）应是一般的支出，即使改用租房，以月租1.5万元新台币估算，住上30年，租金支出也要540万元新台币；其次买辆车以方便出行，以一辆车价值50万元新台币，使用寿命为6年计算，再活30年，你至少得花250万元新台币，这还不包括车的保养、燃油费等支出。如果你有家庭，两个小孩恰恰好，这应该是一般家庭的典型。根据台湾地区《一家报纸》报道，培养一个孩子到大学毕业，大约需要1500万元新台币（这个费用还不包括留学以及上才艺班的支出，如果你有让小孩出国留学的打算，一年上百万元新台币的支出也算一般），两个小孩需要准备的教育费就要3000万元新台币；如果你的父母健在，一个月分别给父母5000元新台币，应该也算合理，供养10年也要花120万元新台币；再加上一家四口家庭开销，以一个月3万元新台币计算，30年也要1080万元新台币；再加上一年2万元新台币的税费（含房产税、土地增值税、牌照税、所得税）也要60万元新台币。如果你想让生活过得有品质一点，全家一年花个5万元新台币用来支付看电影、旅游等休闲开支，应该很省了吧，即使这样30年也要150万元新台币。

2. 养儿也要防老

除了养现在的自己和别人外，你也要为未来

没有赚钱能力的自己预留一些老本。如果你 55 岁退休并活到 75 岁。在退休后，你应该还可以再活 20 年，即使用 15 年保守估算，以夫妻每月支出 1 万元新台币计算，15 年也要再花 180 万元新台币。如果担心退休后不小心生病，该怎么办？那还得再预留一些医疗费用，以每月 5000 元新台币计算，15 年也要 90 万元新台币，这还不包括生大病动手术的费用；如果不幸去世，你还要筹措自己和另一半的丧葬费。以目前的行情，台北县一个墓地起码约 40 万元新台币起价。公立灵骨塔 3 万元新台币起，但不容易有位子，一般等级的要 6 万元新台币；再加上基本的丧葬费，殡仪馆约 10 万元新台币，以最保守计算，一个人也要 16 万元新台币，两夫妇则要 32 万元新台币。若将上面林林总总的花费加起来，在未来的 30 年内，你的人生支出至少要 5542 万元新台币。当然，如果你活得更久，所需要储备的资金势必会更多！

3. 薪水不能致富

你要如何筹措这么多的钱？薪水应该是主要来源，按月薪 2.4 万元新台币计算，工作 30 年，你只能赚到 864 万元新台币；如果薪水多一点，到 3.6 万元新台币，那你储备的资金可以达到 1296 万元新台币；要是你的月薪达到 4.8 万元新台币，那么恭喜你，你这辈子可以赚到 1728 万元新台币。这样看起来你赚到的钱似乎很多，但如果和支出相比，你会发现即使自己全年无休，连续工作 30 年所赚到的收入却只够满足三餐温饱和买车、购房的基本需求。至于子女的教育费、自己的养老金，以及那未完成的“梦想”，就可能要等到中彩票再说了。

刚入门学理财的人最常说的一句话就是：“我每个月的钱只是应付日常支出都不够，怎么会有钱做投资？”其实你太小看自己了，只要你善于利用口袋里的每分钱，要筹到 3000 万元新台币的退休金并非难事。

台湾地区首富王永庆曾经说过：“你赚的一块钱不是一块钱，你存的一块钱才是一块钱。”千万别小看你口袋里的零钱，区区 7 元新台币转账手续费，以一年定存利率 1.425％的水准，你要先有 18 万元新台币现金存在银行定期账户里，存满一天才有 7 元新台币的利息；每天少喝一杯咖啡，一年就可以省下 5 万元新台币，5 年就可以省下 30 万元新台币。有地铁就搭地铁，别轻易地举起你的手招出租车，多在家里吃饭、不抽烟、买廉价的二手车、使用折价券、利用互联网买人寿保险及基金、避免信用卡债务、关注健康、减少打长途电话的次数、买贵重商品前先比价……这些小小的举动都可以帮你达成筹措 3000 万元新台币的目标。

要是你可以将每个月到处乱花的钱省下来，每个月投资定期定额基金 5000 元新台币，以平均每年回报率为 10％来算，4 年就可以有 30 万元新台币，之后再拿 30 万元新台币做投资，只要坚持28年的时间，而且保有10%的回报率，这样就会有3000万元新台币的退休金。

累积财富的支柱有两个：一是储蓄，也就是省小钱；另一个是投资，选择不同的投资工具，所获得的回报率也不同。一般而言，风险越高，回报也越高。在选择不同投资工具时，首先必须了解你个人对风险的承受度。

4. 七大理财良方，守卫每一分钱

设定理财目标时，须坚守七大方法：

（1）目标要明确——制订长期的目标，以1年、5年、10年为目标，明确地写下到时你想达到的境界，比如1年内买到一台价值50万元新台币的车，5年内存到500万元新台币，10年内买下千万豪宅。目标越明确越好，最好能够有图片作参考，这样你在懒惰时就可以拿出来鼓舞士气。

（2）要有所选择——目前可以选择的投资工具有很多，如股票、债券、基金（可分为股票

型、债券型、平衡型、组合型等不同类型的基金)、期货、选择权、外汇、权证、多样化衍生性产品、不动产（新房、二手房、法拍房)、定期存款、互助会、保险等等，不一而足，但是未必所有的投资工具都适合你，你应该从中挑选一些你比较有把握的进行交叉运用。当然刚开始做投资时，你可能会有不知从何着手的窘境，但是慢慢深入了解之后，你会发现理财并不难。

（3）要能达成——等找到这些投资工具后，你必须分析其投资回报率与你目标的差距，再据此做好投资组合。

（4）需与实际生活相结合——如果你工作很忙，上班时间根本没空留意股票行情，建议你做中线投资，选择一些绩优股长期介入。至于何谓绩优股，如果你对此没概念，可以参考台湾 50 指数的成分股。所谓台湾 50 指数，是以台湾地区前 50 大权值股为标拟出的一个参考指数，能够名列其上的，代表该公司的经营能力在平均水准之上，投资这类公司只要买点不是太差，长期投资加上配息配股，一般都可以获利。此外，以定期定额买进绩效不错的共同基金也是一个不错的方法，由于采用定期定额分摊成本的方式，你的买点可能有高有低，但是加权平均之后，成本一般都会落在中间点上。

（5）要能量化——做理财规划最重要的一点就是要量化，这样才能随时检视自己的投资成效，并随时替换未达到目标的投资组合。

（6）要做到长短期资金交叉运用——人有旦夕祸福，谁都无法预料下一步会发生什么情况，因此在投资时要力求弹性，将资金分长短期进行交叉运用，这样才不会在有紧急需求时被迫取消既有的投资计划。

（7）最重要的一点就是要做到切实执行，让自己一步一个脚印地去达成理财计划——切记，如果你的资产增值速度赶不上通货膨胀的速度，那么通货膨胀就会把你的存款侵蚀掉。理财大计绝对是一生都要做好的一门功课，连一天都忽视不得。

作者简介

夏韵芬，毕业于台湾辅仁大学社会系。曾任台湾地区《中时晚报》《时报周刊》《工商时报》撰述委员。著有《夏韵芬女人私房理财书》《夏韵芬理财三规划，成家立业退休》《投资报备股票》《当代理财王——夏韵芬》《由负翁变富翁》，现任非凡商业台“当代理财王”节目主持人。

聪明的投资者

The Intelligent Investor

The Classic Text on Value Investing

原著作者简介

本杰明·格雷厄姆（Benjamin Graham），公认的价值型投资之父。格雷厄姆出生于伦敦，幼时随家人移民美国。从哥伦比亚大学毕业以后，格雷厄姆进入华尔街的一家投资合伙公司担任盘价登记员。不久之后，格雷厄姆开始替公司做财务分析，并且成为公司的合伙人，25 岁时，年收入已经超过 50 万美元。1929 年的股市大崩盘使格雷厄姆赔进了所有家当，但是他仍然留在投资业。1934 年，格雷厄姆和同样毕业于哥伦比亚大学的戴维·多德合著了《证券分析》一书，倡导内在价值的概念。格雷厄姆在 1949 年出版了《聪明的投资者》，把自己的思想浓缩，告诉读者怎样成为成功的投资人。格雷厄姆在 1976 年过世前，仍然活跃于投资界。格雷厄姆在哥伦比亚大学任教长达 30 年，并且调教出一位大家都很熟悉的学生：沃伦·巴菲特。

本文译者：黄麒芬

主要内容

关键词解读

聪明的投资者

格雷厄姆毕生共出版了5本著作，其中《证券分析》、《聪明的投资者》以及《财务报表解读》并称为格雷厄姆的三大经典。自1949年问世以来，《聪明的投资者》中提出的价值型投资与安全边际等观念，历经半个多世纪的试炼仍经久不衰，奠定了它“投资圣经”的地位。这本书每隔一段时期就会以不同的形式再版，销售已逾百万册。

本书在1972年再版时，不仅邀请到格雷厄姆的得意门生沃伦·巴菲特写序，并且在附录中收录了巴菲特的专文，此版也成为最受欢迎的版本。2003年，美国《金钱》杂志的资深编辑贾森·兹威格重编本书，加进了大量的注释以及编者对每个章节的评论，以20世纪90年代及21

世纪初金融市场的起伏来验证格雷厄姆的投资原则。这本书的价值可以用巴菲特在1972版中的序文作为注解："市场行为越愚蠢，智慧的投资人就越有机会获利。追随格雷厄姆的投资理念，你将从大众的愚昧行为中获利，而不会让自己成为其中的一分子。"

市场先生

“市场先生”是格雷厄姆对股市价格变化的比喻。当市场先生觉得乐观时，整个世界所看到的都是好的一面，报价就会提高；但当市场先生觉得悲观时，整个世界就会坏消息不断，报价就会走低。格雷厄姆曾这样评论市场先生：“如果没有报价，或许能有理性市场。”巴菲特更是建议投资人在买进持股之后，直接关掉行情播报的屏幕，不要看行情，因为“市场先生是一个疯子，他随时想让你买股票，也随时想让你卖股票，但他是个变来变去的疯子”。

《经济学人》在 2002 年 5 月曾经报道过一位退休的美国老先生，他打算搭乘日本神奈川县的富士急游乐园里最闻名遐迩的“富士山云霄飞车”，不过被接待人员出于安全理由拒绝。老先生望着上下落差 79 米、最高时速 130 公里的过山车，喃喃自语道："有什么好怕的？我这两年在股市上冲下洗，比这还可怕，更何况我还坠毁了！"市场先生的影响力由此可见一斑。

5分钟摘要

智慧型投资的指导原则

聪明的投资者是以经营企业的眼光来投资。这类投资人投资的方法就像是要买下或是入股经营一家企业一样。投资的原则越稳健，投资策略就会越成功。如果你真的很想靠投资股市或债券来赚取高额的回报，投资操作就必须符合稳健、合理的商业原则。

智慧型投资有下面6项关键原则：

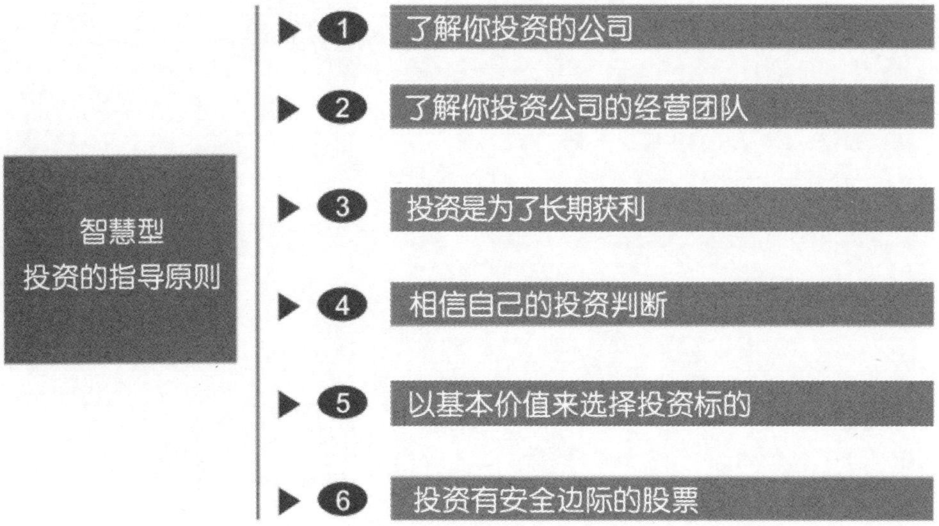

关键思维

成功的投资不是独门功夫或无法传授的智慧；本质上，成功的投资是种可以学习的技巧与准则。在 1900 年的时候，没有人知道接下来 50 年的世界会有什么变化。在经过不可预测的重大变迁与灾难之后，证明稳健的投资原则通常还是能带来稳定的投资回报。我们必须假设这个事实会继续成立，并以此作为投资操作的依据。

——本杰明·格雷厄姆

一 了解你投资的公司

在考虑投资一家公司之前，你首先必须先去了解这家公司销售的商品、经营的方式，以及营业收入的来源。除非你已经很清楚自己想要投资的公司所处的竞争环境、面对的挑战和机会，以及企业的优势和弱点，否则你对这家企业的认识还是不够的，因此也不应该投资。总之，在投资之前你就要充分了解这家公司，而不是等到投资之后再来下功夫。

要做到真正的投资，而不是碰运气的投机，你的投资行为就必须要有合理的依据。市场上有很多潜在投资标的可以选择，只有通过仔细检视与彻底分析，你才能从中挑选出合理而稳健的投资标的。

稳健的投资标的会随时间增值，因为这些标的的价值来自企业长期运营的成果，而不是市场一时的偏好。选择的关键是，要能正确评估你考虑投资的公司未来的发展潜力。你必须对这家公司有足够的了解，才能合理预测这家公司未来的财务表现。这只有在你深入了解这家公司的运营状况，以及未来追求获利的计划之后，才有可能做到。

要注意的是，聪明的投资者在持有股票以后，还是会像当初决定购买某只特定股票时，用经营企业的眼光持续观察这家公司。只有那些买进后长期持有的投资人，才能真正获得高额的回报，而投资的收益则是来自债券的利息或是股票的股利，再加上股票本身长期的增值。投资人必须以企业主的角度进行思考，而不是证券商或交易员。投资人要确保自己的投资操作有最好的成果，就必须集中大半的精力投入在下列行动，以确保最佳经营成果：

◎指派诚实而称职的经理人。

◎尽全力改善不良的管理。

◎积极维系股东与管理团队的互动关系。

投资人可分为下面两种主要类型：

（1）防御型投资人——最重要的投资目标是保本，并且特别重视避免严重错误或损失。防御型投资人不想一天到晚忙着决定什么时候买进卖出，所以会去寻找那些最不花精力就能增值的长期投资标的。

防御型投资人通常以下面几项标的作为投资组合：

◎美国储蓄公债或其他免税证券。

◎分散投资的绩优普通股。

◎绩优的投资基金。

（2）积极型投资人——会投入比较多的时间管理自己的投资，也比较喜欢自己决定投资标的。这一类型的投资人在决定投资之前，会花时间分析和这家公司有关的所有信息，并彻底了解这家公司。

积极型投资人会以下面几项标的作为投资组合：

◎美国储蓄公债或其他免税证券。

◎分散投资的绩优普通股。

◎绩优的投资基金。

◎成长比其他企业快速的成长型股票。

◎市场低迷时的普通股。

◎相对低价的公司债和特别股。

◎某些优异的可转换证券。

要注意的是，有些类型的投资标的是聪明的投资者不会投资的，特别是以下几类：

◎获利率低的公司债或特别股。

◎外国政府公债。

◎市场创历史新高时的绩优普通股。

◎次佳的普通股——除非价格特别低。

◎新发行的普通股——除非投资这些股票的

收益、安全性和投资美国储蓄公债以及价格合理的绩优普通股一样好。

关键思维

所谓投资操作包括3项要素：彻底分析、确保投资本金安全、令人满意的投资回报。操作的方式如果不符合这3项要素，就是投机。

——本杰明·格雷厄姆、戴维·多德

真正的投资人在投资一般股票时，并不需要高超的智慧和知识，但的确需要某些独特的人格特质。

——本杰明·格雷厄姆

除非你对证券价值的了解程度有像自己打算买卖或制造的商品价值那样透彻，否则不要想靠股票或债券赚到“营业利润”，也就是高过正常利息与股利收入的回报。

——本杰明·格雷厄姆

既然每个人只要买进和持有具有市场指标代

表性的证券组合，就可以达到市场平均的投资绩效，那“超越平均值”应该是相当简单的事。事实上，许多聪明人想超越市场平均投资绩效却铩羽而归，这种案例之多超乎你的想象。

——本杰明·格雷厄姆

投资的艺术里面有一种特性是一般人都不太欣赏的，那就是：偷懒的外行人就算不肯花功夫又没什么能力，一样可以获得虽不满意但是可以接受的成绩；但若是想突破这个轻易就可以达到的水准，却必须付出异常的努力和拥有更大的智慧。

——本杰明·格雷厄姆

虽然经营的环境可能改变，公司和证券可能改变，金融机构和财务法规也可能改变，但是人性在本质上是不会变的。因此，稳健投资重要而困难的部分是投资人的性格与态度，因为江山易改，本性难移。

——本杰明·格雷厄姆

二　了解你投资公司的经营团队

你只是投资股票，却没有办法亲自经营公司，所以你需要经理人来经营公司，而且最好能帮你赚钱。去寻找合适、有效且管理公正的公司，然后找到能做好管理工作、照顾股东利益的经理人。在你仔细检视管理团队的优点和能力之前，绝对不要贸然投资。

股东和公司管理团队之间的关系应该从以下3个方面来思考：

（1）法律层面——股东所处的位置和多数股东所代表的力量让其有权雇用和解聘经理人，并且要求经理人执行自己的所有要求。

（2）实务层面——股东很少会坚持自己对管理团队的法律权利，即使管理团队过去的运营纪录非常糟糕，大部分股东还是会乖乖顺从管理团队的所有提案。只要是管理团队反对的提案，小股东很少会投票要求管理团队执行，可以说这种情况几乎不曾发生。

（3）经理人平常看待股东的态度——一般来说，企业在这方面的表现还算不错。经理人如果恰当行事，犯错时就很容易可以撇清。即便如此，大部分上市公司的经理人还是会努力做好该做的工作。不胜任或不诚实的经理人通常很快就会遭到解聘。

股东在评估管理团队表现的时候，应该把重点放在下面两个关键问题上：

1. 管理团队的成效是否符合期待

这个问题并没有理性的方法可以检验，完全要看每位投资人自己的认知。然而，要评估管理团队的能力，还是可以利用下面几项领先指标：

◎公司的表现是不是和同行一样好？

◎公司的市场占有率是提升了还是下降了？

◎公司的获利率是不是能够和同行相提

并论？

如果企业在上述3项指标中连一项都没有达成，那就很清楚地表示管理团队并不称职。如果这3个问题中没有一个能得到满意的答案，或者和其他公司比起来，公司的业绩表现显示运营出现问题，这时股东就应该要求管理团队说明情况。

2. 一般外部股东的利益是否受到应有的重视

要判断这一点，就要去检视下面几个关键问题：

◎每年是否发放符合业绩水准的股利？

◎是不是有效运用股东的资金？

◎有没有定期买回库藏股？

◎经营决策是否有效？

管理团队如何对待外部股东（不参与公司运营的股东）是很重要的，这个态度通常会表现在公司的运营结构上。如果这家公司的组织和经营方式是分别由几家控股公司来掌握各个不同的业务单位，那么管理团队只要在自己认为合适的时机解散这些控股公司，然后重新整合并管理不同的业务单位，就几乎可以随心所欲地提高或压低自己公司的股票市价。优良的管理团队不会用这种方式操控股价。

一般认为，确保优质的管理团队是董事会的工作，但实际上却不是这样，因为很少有董事会可以完全不受管理团队的影响。大多数公司都是由组织高层决定哪些人担任董事，由董事决定管理团队反而比较罕见，甚至有许多公司的董事会成员有一大批是企业的高级主管。在董事会与管理团队公私两种关系重叠的力量主导下，董事会很少会主动执行任何与管理团队想法背道而驰的任务。

因此，股东怎样才能提高自己对公司管理团队的影响力？可以参考下面几种方法：

（1）了解公司的管理团队——借任何可能的途径向管理团队表达意见。出席每一次的股东大会，要全程参与并做好准备，这样才能言之有物，而不只是一个去开会的小股东。

（2）与持股较多的股东沟通——只有获得这些股东的支持，才能使管理团队做必要的变革。

（3）一定要阅读所有和年报一起寄发的资料——包括股东代理委托书。任何有关决策议题正反两方的论点也必须加以充分了解和评断。最起码你必须自行判断，和其他同行比起来，公司目前算不算成功。

（4）如果公司的业绩不符合预期目标——要求公司指派独立的企业管理顾问，使其针对管理团队的运营政策和能力提出建言。要确定这家提出改进建议的公司不是董事会挑选的，而是由独立的股东委员会聘雇的。即使研究报告是直接提交给股东委员会，而不是管理团队，这笔研究费用也应该由公司支付。

（5）积极游说公司指派更独立的董事——最好是由经营经验丰富，并且能够从新专业角度检视公司问题的人来担任。这些独立董事应该单独向股东提交年报，这份报告的重点应该放在以下这个关键问题上："这家公司为股东赢得的投资收益是否符合管理团队应该达成的表现，如果不是，那又应该怎样改善？"

关键思维

表现优良的管理团队很少会领过高的薪水，但差劲的管理团队领的薪水永远都被嫌过高，因为对业主来说，这些人根本一文不值。

——本杰明·格雷厄姆

三　投资是为了长期获利

如果你认为一家公司能够因为持续经营而长期获利，那么就可以去买这家公司的股票。绝不要因为你预期用高价卖出而去买这家公司的股票——这种心态只不过是想要赚其他股东的钱。

投资人与投机客对投资股市所持的目的和操作方式有所不同，我们可以从下列情况来区分彼此间的差异：

(1) 投资人想取得并且持有证券——因为他们相信证券价值能够随着公司持续运营而增值。投资人追求的投资收益来自股利发放和股票市值的成长。

(2) 投机客以自己认为有利的价格取得证券，然后尽快出手求利——他们会试图预测未来市场的热门股，并选择市值成长比一般市场快速的股票。

因此，投资人的投资决策不会受到股票价格波动的影响。一方面，投资人会把股票市值的变动以及股利获利率（本益比）当作评估投资成功与否的标准，特别是在自己持有的股票价格上扬的幅度比整体市场还要快速的时候，投资人会觉得自己做了非常好的投资决策；另一方面，如果投资人真的想要抓准进退场时机，就会产生问题。所谓抓准进退场时机就是，投资人在股票低于应有价值时买进，并且希望这些股票在未来回升到应有价值时，再用较高的价格卖出。

投机客因为绞尽脑汁想抓准时机进出市场，便会逐渐对自己买进的证券品质和价值失去兴趣，一心只想在市场上胜出。问题是，投资市场是由各类投资人的不同决策构成的，所以股票炒家想超越的对象其实就是自己。

投机客由于想快速获利，因此抓准进退场时机对他们来说非常重要。然而对于投资人来说，等上个一年甚至好几年也没什么大不了。投资人不会太在意股价的走势，反而比较重视公司本身价值的成长。投资人会在股市过冷时买进更多股票，也会在股市过热时出脱持股，目的是为了在市场回归正常水准时再度买进。聪明的投资人不会想操作得比其他人好，只希望自己不要像大多数投机客那么不理性。投机客会在市场普遍上扬时买进，然后在整体市场走低时卖出。

投资人也非常清楚，要利用市场走势获利，绝对不会像事后诸葛亮。利用市场走势十分困难，原因在于下面两项内在因素：

（1）从线图分析股价走势似乎很容易，但要掌握股市实际的波动则困难得多——要设计出各种回推历年市场波动的公式很容易，但是如果要正确预测市场未来的走势，这些公式往往无用武之地。绝对没有什么简单的公式能够保证永远获利。

（2）要在别人卖出时买进，在别人买进时卖出，你必须不能随波逐流——要长时间这么做是很不容易的。你必须执着地相信自己是对的，而别人统统都是错的。你必须不受市场风向的影响，不论所有人认为市场是多头还是空头。如果能够做到的话，你就已经把自己从一般的散户提升为专业、自律的投资人。在你等待下一波进场机会时，即使眼看着所有可以赚到股利的机会一一流失，你也不能让自己沉不住气。

每个人当然都希望能买低卖高。这个原则最适合运用在个股上，而不适合用在整体市场上。聪明的投资人应该随时留意物超所值的个股。投资人应该根据自己分析公司潜力的结果来获得投资决策，而不是根据股价是否有大幅上扬或走低的走势。

股票上市的好处是方便流通，因为你可以在任何时候花最少的力气增加或减少持股。每天看盘、观测股价波动的实用价值并不高，因为企业的内在价值其实不会每天都有这么明显的变化。

如果你的投资决策是根据股票价格的走势，而不是企业资产的内在价值，那么你的投资决策就会随时随地在改变。把市场走势当作自己选择买进或卖出的参考，而不要把当下股价当作某只个股的真正价值。只有你才能评断某只个股真正的内在价值，而且评断的依据是自己谨慎的分析。

关键思维

关于市场预测，很多人绞尽脑汁提出正反两方面的意见，而且毫无疑问，某些人的确能够以优秀股票分析师的角色赚到大钱。如果认为一般大众也能够靠市场预测而获利，那可就大错特错。有谁会在大家都为了某项信息而急着抛售获利的时候买进？如果你希望靠某种市场预测系统或权威专家让自己在长期投资之后赚钱的话，那你一定是希望跟随市场一窝蜂进出，或者希望比市场上其他众多股友表现得更优异。有些人认为，任何典型或一般的投资人都有能力比其他投资大众更成功地预测市场走势。不论从逻辑上还是经验上来看，这样的假设都是毫无根据的。

——本杰明·格雷厄姆

投资人与投机客最实质的区别，就在于他们对股市波动的态度。投机客本质上喜欢预测市场走势并且从中获利；投资人则比较喜欢以适当的价格买进并且持有合适的证券。市场走势对投资人来说是有实质意义的，因为投资人可以在市场波动造成股价下跌时趁机买进；也可以在市场波动造成股价上涨时停止买进，甚至趁机卖出。整体来说，投资人最好在手边有资金投资股票时就买进，除非其市场表现已经被认定高过了既定的价值标准。

——本杰明·格雷厄姆

四　相信自己的投资判断

做完该做的研究之后就要付诸行动。不要顾虑其他人怎么评论你的投资——你永远无法得知这些人的评论是自己的分析，还是人云亦云。只要你的资料和推断经得起考验，大多数人支不支持你一点都不重要。不要期待市场会替你做投资研究。

把钱投资在证券上是商业行为中很独特的一种，因为从某种程度上来说，投资证券几乎都是根据他人的建议。大部分投资人都是业余的，所以会欢迎各种投资建议。

如果大家投资的目的是赚钱，那么寻找建议就等于是让别人教自己怎么赚钱，这种想法在某种程度上来说是天真了点。企业人士会针对经营企业的各个方面寻求专业建议，但是不会期待别人告诉他怎么获利，因为那是企业人士自己的责任。不论是不是在经营企业，任何人都不可能靠别人来替自己投资赚钱，因为这在一般商业行为中是不存在的。

因此，投资人应该主要根据自己的分析和研究来决定某项标的是不是值得投资。想追求高于一般水准的回报，就必须比一般人做更多的研究。最重要的是，不要想靠别人提供给你的热门内线消息替自己省掉做基本研究的功夫。

对于各种投资专家提供的建议，我们应该有下面几种看待角度：

1. 专业投资顾问

这种公司会提供给你投资建议并且收取大笔年费。最好去找那些不会过分吹嘘、谨慎、保守且真正有实力的公司。这种公司的宗旨通常是让你保本，而且可以每年获得保守稳定的回报。其最大的价值在于可以让你避免犯重大的错误。

2. 理财服务公司

这种公司会寄给你一些投资信息，这些信息是用技术分析推算出来的市场情况报告，以及市场的整体走向预测。问题是这些公司很少会详细解释自己是用什么研究方法得出结论的，因为这是公司的商业机密。这些公司几乎都是根据短期的利多来建议你买进，而完全不管目前的股价是高还是低。这样的建议不仅非常肤浅，而且显示这种公司缺乏可靠的分析方法。聪明的投资者绝对不会盲目跟随这些建议，只会把它们当作自己研究分析时的基本参考资料。

3. 证券商

证券商会免费提供给顾客许多信息。但是不要忘记证券商是靠交易手续费来赚钱的，因此你进出越频繁对证券商就越有利。聪明的投资者通常会发现，证券商太注重每日市场交易的情况，所以无法提供什么可靠的投资建议。

4. 投资银行经纪人

投资银行经纪人负责推动新的证券上市。务必看清楚投资银行经纪人的本质——他们就是想要公开上市公司的推销员。对于这些建议，你都必须持怀疑的态度，并且要仔细审视。

5. 其他顾问

其他顾问有银行业者、亲朋好友。经验不足的投资人会误以为这些人知识和经验都比较丰富，所以会去征询这些人的意见。聪明的投资者明白，这些人对于自己专业领域以外的产业了解并不多，所以在听到这些人的建议时态度会比较谨慎。

关键思维

说穿了，不论是一般交易（预期整体股市走势）还是选择性的交易（选出短期内表现会比市场好的股票），我认为这两种投资方式都不适合投资操作。这两种方式基本上都是投机的，如果想靠它们投资成功，不仅要有预测未来的能力，还要有比市场上众多竞争者更灵活的操作能力。

——本杰明·格雷厄姆

在我看来，在公司管理这个问题上，金融市场中再也没有什么比普通股投资人及其华尔街顾问的顽固态度要更愚昧、更有害的了。这种态度可以总结为："如果你不喜欢这家公司的管理，就卖掉这只股票。"这种行为显然对改善劣质管理一点帮助都没有，这样做只会让股价下跌，然后把所有权移转到另一个人手上而已。对整体投资人来说，这就好像是大家放弃了自己所有监督管理的权利，任由那些掌管自己财产的管理者尸位素餐。展现投资人智慧的最好机会就是利用股东与管理团队之间的关系。在这种关系下，投资人可以运用全体的力量，而不必单打独斗。这是投资学里崭新却重要的研究领域。

——本杰明·格雷厄姆

五　以基本价值来选择投资标的

要不断提醒自己，市场情绪多半受到投资人情绪起伏的影响，而不是理性思考的结果。因此，在大部分时候，你只要把市场波动当作一种指标就可以了，这种指标可以告诉你，自己可能哪里做得好、哪里做得不好。如果股价的跌幅非常大，这也许是加仓的大好时机；相对地，如果股价的涨势惊人，这也许就是减仓的最佳时机。

来看看下面这则商业寓言：

假设你用1000美元买进一家小公司的股票。这家公司有另外一位名叫市场先生的股东。市场先生每天都会告诉你，他认为你的股份值多少钱，然后就想用这个价格买你的股份，不然就用这个价格把自己的股份卖给你。市场先生的情绪多变——有时候他的看法保守，有时候又觉得市场乐观。市场先生估价的高低正好反映了投资人情绪的起伏。

问题是这家公司在你手上的那1000美元股份，其价值真的会像市场先生希望你相信的那样每天都不同吗？显然，聪明投资者的答案是否定的。改变的不是公司的价值，而是市场先生估价时的心情。

要当个成功、聪明的投资者，你必须学习怎么根据可靠的财务分析来评估公司的价值。就拿普通股来说，公司的价值可以很简单地用下面这个方法定义：

价值＝平均盈余×资本化比率

由这个算式得出的价值就是这家公司的应有价值。

平均盈余是根据下列几项条件推算出来的预测数据：这家公司过去的盈余记录、对公司未来盈余可能造成影响的已知经济因素，以及拥有充分信息的专家对公司绩效的预期。

资本化比率是反映公司“品质”的乘数，通常是由几家同行的资本化率比较而来的。

获利能力的估计值会随着下面几项因素变动：

◎相对价格和净利率的变化。

◎整体经济形势以及市场景气。

◎任何会影响产业的特殊状况。

◎新竞争者的加入。

◎取得新技术的能力。

◎目标市场成长还是减缩。

◎分公司或子公司的盈余。

◎为应急基金准备的金额。

适用于任何一家公司的资本化率同样会改变，而这些改变会反映出下列几种情况：

◎整体来看，产业长期的前景。

◎公司管理团队的改变。

◎财力的改变，包括负债比例的改变在内。

◎公司资本结构的改变。

◎公司过去配发股利的记录。

◎公司的标准股利政策。

◎会计政策和流程的改变。

同样要注意的是，在评估一家企业的价值时，必须把所有非经常性的收益和损失从估算企业价值的营业收益中剔除。非经常性的项目有可能大幅增加或降低任何一个年度的实际财务绩效，但对未来几年的财务绩效不会产生持续的影响。这些项目种类繁多，可能包括下面几项：

◎单次出售资产的收益或损失。

◎售股的收益或损失。

◎债券赎回的折价或溢价。

◎处分金融证券变现的收益。

◎退税及补偿利息。

◎诉讼结果的收益或损失。

◎存货的账面价值异常减损。

◎应收账款的账面价值异常减损。

◎闲置资产的维护成本。

重点在于，每位投资人必须亲自估算公司的价值。如果你希望比较投资某家公司是不是比投资另一家公司更有价值，那么你就必须系统、深入地估算这家公司的价值。只有细致地去研究这些数据，你才能够评估这个股价是否合理。你必须自己决定要买还是要卖。别人无法替你作决定，即使是那些提供给你投资建议的专家。

关键思维

拥有稳健投资组合的投资人应该把股票的价格波动当作意料中的事，不要因为巨大的跌幅而感到忧虑，也不要因为惊人的涨幅而感到兴奋。投资人应该时时记住，市场行情是方便自己进行投资决策的参考，可以善加利用，也可以置之不理。绝不要因为价格上扬就买进股票，也不要因为价格下跌就出脱持股。只要记住这句简单的话："绝不在大涨后立刻买进，或是在大跌后立刻卖出"，投资人也许就不会出什么大错了。

——本杰明·格雷厄姆

美国储蓄公债是美国发行过的证券中最重要的一种，而对于其他任何国家也是一样。每个业余的投资人都应该把自己相当比例的资金配置在这个方面。投资这些公债很简单，而投资普通股可就充满了各种可能的复杂风险。

——本杰明·格雷厄姆

六　投资有安全边际的股票

投资时，安全边际的大小是按照跌价风险最低的股票买入价格计算出来的。这个价格常常低于公司的内在价值，因为你还必须预留一些空间，以防任何不可预期的外在事件对股价造成的影响。如果想购买某家公司的股票，在计算你愿意进场的价格时，一定要把安全边际纳入考量，然后用同样的计算方法去投资20家以上不同的公司股票，长期下来你就能获得令人满意的收益。

就拿债券来说，安全边际就是企业获利除以总利息费用的倍数。如果这家公司过去几年的获利相当于公司债券应付利息的4倍或5倍，那么这家公司的债券就有相当大的安全边际。在公司还无法偿还应付的利息之前，营业收益必须明显调降，或者我们可以把公司总值扣掉总负债计算出安全边际。从这里可以看出，公司的净值如果缩水到一定幅度，支付应付利息就会发生问题。

安全边际的概念同样可以运用在投资普通股上。你可以运用下列步骤：

（1）用任何一种你认为合理的方式来计算某只股票的内在价值——你必须持续采用这种计算方式计算不同股票的内在价值，这样的比价才是有意义的。要注意的是，外在事件有可能影响股票的价值，或者你的计算方式也可能是完全错误的，所以你在计算的时候必须把安全边际一并纳入考虑。

（2）你要推算这只股票未来 10 年可能的获利率——你必须考虑到，公司在未来很可能保留部分盈余再进行投资，而不会把所有的收益都转换成股利配发给股东。

（3）你要去比较这只股票的预期获利率和公债的现行利率，高过公债获利率的部分就是你的安全边际——假设股票的获利率是10%，而政府公债利率是5%，那么10年下来获利率的差异总计会有50%。只要你一开始就选对股票，这样的安全边际应该不会让你有所损失，就算有，损失也会减到最低。

(4) 你要去投资20只甚至以上的股票，这样才会有进一步提高获利的可能——只要你购买这些股票时的价格达到这几年市价的平均水准，而且市场环境又十分正常的话，你就可以确定自己的投资已经有了适当的安全边际，你的投资计划也应该能够让自己获得满意的成果。

要利用安全边际的方法来投资，需要注意下面几个重要事项：

(1) 你有可能在运营条件有利的时候买到表现不佳的证券——并且发现这些证券的预期收益没有预期中那么高。

(2) 你可能受到诱惑买进那种不但没有实质的盈余记录——而且对未来获利的预期也过度乐

观的“成长型股票”。

(3) 如果你买到价格被低估的股票，你的安全边际就会大幅增加——如果这些股票是以相对低廉的价格买进，那么就算这些股票的获利率略为降低，你仍然能够维持你的安全边际。

安全边际的概念把投资和投机很清楚地区分开来。投机客即使做了不符合正常投资行为的操作，还是相信自己会有好运势。相对地，投资人尽一切可能来增加自己的安全边际。投资人的安全边际是靠各项数据、推论，以及参考大量的实际资料计算出来的，而不是靠自己的任意推论。

那么，对各种不同类型的投资人来说，实际上到底应该怎么操作，投资才会成功呢？就像前面说过的，投资人会很自然地分成两类：防御型投资人和积极型投资人。好的防御型投资人会用下面的方式搭配自己的投资组合：

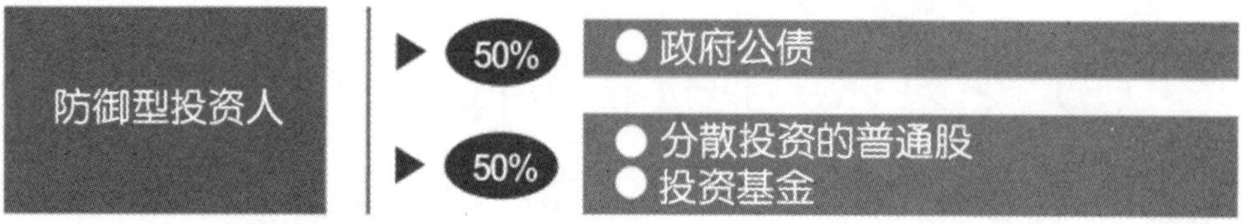

防御型投资人在追求保本的同时，也希望能够获利。防御型投资人的回报率会和他们管理投资计划的努力成正比。如果投资人觉得自己可以较多选择表现好的普通股，持有公债的比例就可以减少到25%。反过来说，如果投资人没有太多时间或兴趣花在投资上面，持有公债的比例就可以增加到75%。

适合防御型投资人的普通股投资组合一定符合下列几项条件：

◎分散投资10～30种不同的股票。

◎只买大型的、绩效卓著的，以及财务保守稳健的股票。

◎持续配发股利的股票。

◎价格合理的股票。

◎投资组合每年最多只变更一次。

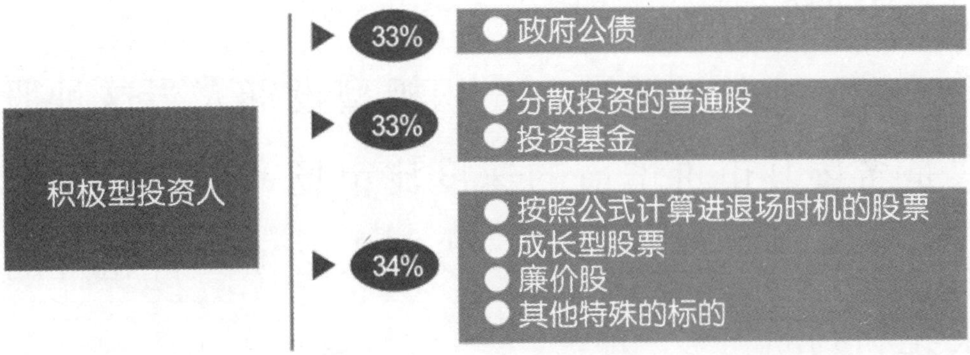

为了追求较高的投资回报率，积极型投资人会愿意承受比较高的风险。他们也有比较多的时间和精力可以投入在投资操作上。对于所选择的投资标的在市场价格和内在价值之间存在多少差异，积极型投资人自己也很清楚，所以，他们挑选出来的投资标的还是符合安全边际的原则。

积极型投资人除了在政府公债，以及表现好的股票和基金上投资部分资本外，他们也会投资下面几项标的：

(1) 按照公式计算进退场时机的股票——积极型投资人会在市场价格走低时买进这种股票，然后在市场价格走高时卖出获利。有几种不同的方法可以用来投资这种股票，但最好是采用既简单又方便的方法。

（2）成长型股票——积极型投资人买这种股票是希望其市价增值的速度比市场一般的股票要快。要达到这样的目的，投资人必须具备超凡的眼光和判断力。

（3）廉价股——股票的应有价格至少要比其目前的市价高出50％才能被称作廉价股。同样，要确定这点，必须靠谨慎而敏锐的分析。

（4）其他特殊的标的——积极型投资人还会买一些即将被出售、被合并、资本结构重组、组织重整或是被清算的公司股票。这种投资标的有非常高的投资技术门槛，要投资这类股票，投资人必须具备专业知识。

要特别注意的是，上述所有额外投资行为都是根据证券的内在价值分析，而非股票市场价格走势的技术分析。所有的重点都是投资要选择有适当安全边际的标的。积极型投资人必须有专业知识和时间才能投资成功。要成功投资这几种类型的股票是没有捷径的。

关键思维

在古老的传说中，智者把过去所有的红尘俗事归结成下面这句话：一切终将成过去。若用类似的模式把稳健投资的秘诀也精炼成四字箴言，那便是：安全边际。这个道理一以贯之，适用于所有的投资政策。所有经验丰富的投资人都知道，安全边际的概念对于选择稳健的债券和特别股是不可或缺的。

——本杰明·格雷厄姆

在逻辑上，安全边际的概念和分散投资的原则之间有着密切的联系。即使某只股票的安全边际对投资人有利，投资最后还是可能失败，因为安全边际只能保证投资人获利的几率比损失的几率高，并不能保证一定不会有损失。分散投资则是保守投资的既定原则。

——本杰明·格雷厄姆

投资人要买什么样的证券，以及追求多高的回报率，不是看自己拥有多少财源，而是要看具备的理财条件，比如知识、经验和性格。保守型投资人会得到最低的回报率，因为他希望自己的投资可以免于风险与焦虑；而灵活的积极型投资人则可以获得最高的回报率，因为他们运用了最多的智慧和技巧。

——本杰明·格雷厄姆

很多聪明人尝试证券投资，结果失败的比例高得出奇，这其中还包括许多由经验丰富的经理人操盘的投资基金，这些基金数年来的表现都没有股市好。就像过去一样，投资要真正获利，不是靠买卖，而是靠买进以后长期持有产生的利息和股利，以及长期的增值。

——本杰明·格雷厄姆

事实上，投资人必须对证券有足够的了解，甚至把投资操作当作是经营企业一样。由此推论，大多数证券持有人都应该选择防御型的投资方式。这些投资人没有时间、毅力或脑力来操作这类像经营企业一样的投资，因此他们应该对防御型组合带来的合理回报感到满足，也应该坚定地抗拒以其他方法来增加回报的诱惑。

——本杰明·格雷厄姆

完全不懂投资的投资人真的可以通过定期投资指数型基金，来获得比大部分投资专家都要好的收益。矛盾的是，当“愚笨钱”（散户）承认自己有所不足的时候，就不再愚笨了。对投资人来说，那些各项费用低廉的指数型基金很明显是很容易操作的，而对大多数希望能拥有企业股份的人来说，这种基金也是最好的选择。

——沃伦·巴菲特

波克夏哈萨威公司 CEO

本杰明·格雷厄姆拥有常识、清晰的思维、简单明了的论述、对金融史的了解，以及自己的坚持——即使他愿意随时代而选择不同种类的证券，还是能坚守长期稳健的投资原则，以上种种构成了格雷厄姆这个永恒的传奇。虽然现在的投资行为、当红的投资标的和股票所有权所处的投资环境都和格雷厄姆在1949年撰写本书时相去甚远，但是格雷厄姆当时建立的智慧投资基本原则事实上仍然屹立不倒，并且无懈可击。

——约翰·博格，先锋投资集团创办人

获得满意的投资结果比大多数人认知的要容易；但要获得比满意更好的结果则比表面上看起来更困难。

——本杰明·格雷厄姆

实现财务自由的安全策略

Safe Strategies for Financial Freedom

原著作者简介

瓦·索玻（Van Tharp），心理学家、国际交易大师研讨培训公司创办人兼总裁。索玻博士毕业于奥克拉荷马大学，著有《通向财务自由之路》《用电子日内交易获得财务自由》，并发行《营销大师》电子月刊。

巴顿（D. Barton），国际交易大师研讨培训公司CEO，走势研究与交易避险基金事业群风险管理师，投资类电子报《十分钟交易员》编辑。

斯迪文·舒歌德（Steve Sjuggerud），投资大学校长，投资类电子报《真实财富》编辑。他曾任投资组合经理、避险基金经理及证券资产研究主任。

本文编译：陈正芬

主要内容

关键词解读

避险基金

避险基金（Hedge fund）又称为对冲基金或套利基金，主要是利用市场的大幅波动从中获利，其投资标的不受限制。避险基金给基金经理人提供充分的授权与资金运用的自由，只要是他们认为有利的投资策略都可加以运用。由于避险基金的操作方式较具弹性，因此除了投资一般的股票和债券外，还可以使用杠杆及买卖投资衍生性金融商品来规避风险，增加收益。此外，传统型投资主要依赖市场的表现来决定绩效，但避险基金则是依赖基金经理人的专业操作技术及经验，因此避险基金除了具有追求“绝对回报”为操作目标的特点外，还有基金信息不透明、不受证券管理单位管辖、经理人收取高额绩效奖金、操作手法较为灵活等较具风险的特点。

目前，避险基金在金融市场上越来越普及，规模也日渐增大，基金经理人的角色也显得越来越重要。由于法规上对避险基金的规定较少，各基金公司对投资人所公布的信息也相对较少，因此基金经理人如果行为操守有问题，往往会使投资人蒙受极大的损失；又因为每只避险基金的规模都相当大，操作不当所造成的后果通常不堪设想，所以近年来各国政府对避险基金的管控越来越严格，甚至立法规范避险基金，以使投资人获得应有的保障。

传统基金与避险基金的比较：

项目	传统基金	避险基金
金融工具	较为单纯，通常只有现货	较多元化，现货与期货并用
投资市场	通常以单一市场为主	较常投资跨国市场
绩效要求	追求相对回报	追求绝对回报
流动性	高	低
信息透明度	高	低
绩效稳定度	高	低

消极所得

消极所得（Passive income）又称被动收入，通常这些所得收入大多来自两种方式，一是投资，如基金、不动产、股票等；二是来自个人专利或知识产权的收入，比如文章、歌曲、图书出版或者其他知识类产品的产权。消极所得所需要付出的劳动力最少，纳税也最低，但长期下来能带来的收益却是最高的，因此消极所得被许多专家学者公认为是最具经济效益的长远理财规划之一。

5分钟摘要

真正的财务自由

财务自由是有可能达成的，而且恐怕比你一开始想象的还要容易得多。此外，获得财务自由之后就能让钱来替你赚钱，你不必为了养家糊口四处奔波，而且还不需要承担很高的投资风险。只是为了达到此目的，你必须立即行动并且系统地采取健全的投资策略。

获得财务自由必须实践以下 4 个步骤：

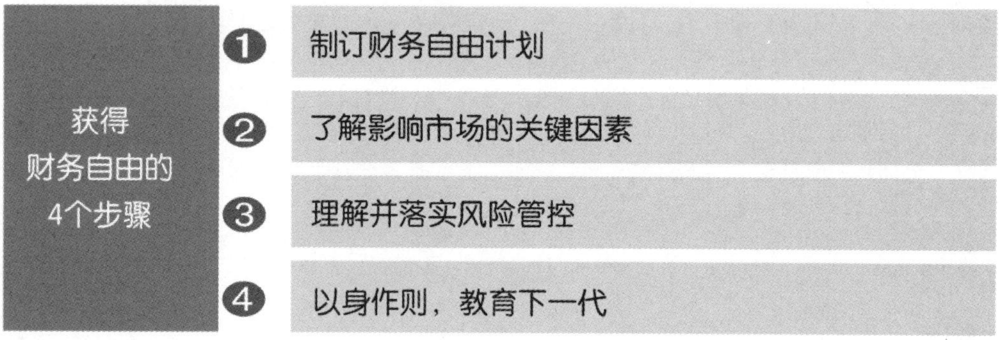

那么，财务自由的意义究竟是什么呢？假设你目前每月的开销是 5000 美元，如果你有 50 万

美元固定用于投资，可以产生12%的税后消极收入，也就是一年有6万美元或每月有5000美元的消极收入。无论有没有工作，你都可以一辈子就靠每月产生的消极收入生活，这就是财务自由的意义。

关键思维

财务自由不表示你拥有全世界的钱，也不表示钱多到可以随意挥霍，一辈子不工作而衣食无忧。财务自由只要求你改变思维，让钱替你去卖命，而不是你为了钱去卖命。依靠你目前的财务状况和个人心态，在半年到7年内，你很快就会看见成效。获得财务自由的方法是拥有消极所得，无论你工作与否收入都会自动进入口袋。当你的消极所得大于总支出时，就可以不必再工作了。

——瓦·索玻、巴顿、斯迪文·舒歌德

一　制订财务自由计划

在开始迈向财务自由前，先计算满足你特定需求的财务自由数。为了使自己对追求财务自由的过程有正确的认识，你应该做到以下几点：

(1) 计算你的“财务自由数”。

(2) 先独善其身，再兼济天下。

(3) 制订负债和费用的瘦身计划。

(4) 制订计划重新配置资产。

1. 计算你的“财务自由数”

你的财务自由数说明每个月需要进账多少钱来支付账单才能让你舒服过日子。多数人被洗脑，他们以为必须拥有数百万银行存款才算得上财务自由，但事实并非如此。

计算你的财务自由数需要：

(1) 列举并加总每月的支出——目前的支付

项目包括：税金、捐献、房租或房贷、生活费、债务还款、医药费等。

（2）决定目前每月消极所得水准——即目前投资产生的每月现金流入，不包括你的工作收入在内。消极所得的来源包括：对企业的投资、能产生房租收入的不动产（扣除费用后）以及任何产生额外所得的标的。

（3）找出你的财务自由数——用消极所得减去每月总支出，如果结余的数字大于或等于零，表示你在财务上已经是自由的；如果数字小于零，你就应该整理自己的财务，让财务自由数尽快达到零。

关键思维

你的整体目标是确保每月消极所得大于支出，而财务自由数正是衡量标准。财务自由数越接近零，表示你距离财务自由越近。如果财务自由数为-1500美元，则趋近零所需的时间精力会比财务自由数-9000美元要少。无论财务自由数是多少，只要改变想法，你就能在5年内达到财务自由。不骗你！

——瓦·索玻、巴顿、斯迪文·舒歌德

2. 先独善其身，再兼济天下

储蓄习惯可以帮助你更快获得财务自由。把每月所得的一部分存下，让这笔钱成为你迈向财务自由的基础。只要你每月将至少10％的所得自动转入某个隔离的投资账户，就代表你迈出了走向财务自由的第一步。更好的是，由于这笔钱是自动转出，你就不可能忘了提存，这样你便有机会见识复利的威力，从而让投资越滚越大。

想做到这一点你必须牢记以下几点：

（1）克服人类天生“什么都想要”的冲动——除非当场能全额付现，否则就拒绝买任何东西。

（2）时时想起你的财务自由数——买任何东西前，先想想这对你的财务自由数有何影响。设法降低你的财务自由数，别让这个数字越来越大。

（3）定期捐款给你选定的慈善机构——因为那会丰富你的人生。

3. 制订负债和费用的瘦身计划

降低财务自由数最快的方法是双管齐下，另一方面摆脱债务，一方面试图增加消极所得。只要做下面这几件简单的事，多数人就可以立即减少约20%的费用：

（1）剪断信用卡——除非银行存款足够支付你签的账单，否则什么都别买。

（2）绝不因一时冲动买东西——一定要等一两天，看看自己是否仍然想要那样东西。这么做可以让你停止囤积没有用的东西。

（3）养成买东西一定要求打折的习惯——看看网上购物是否更便宜。

（4）当你不花某笔钱也能维持现有生活方式时，就将这笔开销减少——最好是省略掉。

（5）搜集合法节税的信息——也许是成立一

家公司来降低税或者是遵循税务专家的建议。

（6）运用“还款优先顺位技术”来减少自己的债务——方法如下：

◎别举借新债。

◎尽早偿还债务。

◎第一顺位债务还清后，把第一顺位的原还款额加到第二顺位的还款额上，加快偿还速度。

◎继续下去，直到所有债务都清偿完毕。

◎将还款金额逐月提高10%。

◎债还完时，给自己一点犒赏。

◎把进度记录下来。

4. 制订计划重新配置资产

除了节流以外，你也应该专心提高消极所得。方法如下：

（1）盘点所有生财资产——无论你做什么都能产生消极所得的所有投资。

（2）盘点所有不能生财的资产——即不能产生任何收入的资产。将每项资产的成本和现阶段的清算价值写下来（如果你不知道这类资产的清算价值的话可以从 eBay 网站找答案）。

（3）看看你应该把哪些不能生财的资产变现——这么做是为了重新配置变卖资产所得的现金，让目前的生财资产替你赚进更多消极所得。如果你跟多数人一样，大概会有 10 种非生财性资产是你一找到充分理由就愿意脱手的，那么立即将计划化为行动。

用这种方式制订资产重新配置计划，你必须选择新的财务自由典范：

◎从财务自由数的角度思考，而不是你的身价——你应该也能够做很多简单的事来影响自己的财务自由数。

◎租税会对你累积财富有很大影响——要设法通过整理财务结构将租税负担降到最低，不要听天由命。

◎会计师是替你工作并且只会按照你的指示办事的人——别指望会计师会教你怎么迈向财务

自由。凡事得靠自己。

◎只要够聪明，你的确可以在几个月内就达到财务自由——不像多数人想象的非得花几年的功夫才有希望达成。

◎开始系统地思考如何赚钱——别担心你现在有多少钱，未来想拥有什么。

◎承认“种瓜得瓜、种豆得豆”的道理——想改善财务状况，你必须愿意改变自己的习惯并着手整理财务结构。如果结果依旧不如预期，面对镜子看着自己，思考原因到底是什么。

关键思维

你不需要靠钱滚钱，你需要的是花功夫研究怎么赚钱，以及有和有钱人建立关系的能力。这样一旦你发觉有笔好生意，就可以用别人的钱帮自己赚钱。

当你开始思考自己的财务自由数，而不是你能累积多少财富时，时间就不再是获得财务自由的关键因素。财务自由的关键之一是，开始跳出正常的框架来思考。别让自己的思维局限在别人说办得到，而实际却行不通的事物上。

——瓦·索玻、巴顿、斯迪文·舒歌德

当你不再工作时，资产会养活你，债务会吞噬你。

——罗伯特·清崎

《富爸爸、穷爸爸》作者

多数人从亲友那里学会理财。通过向这些人学习，我们最常听见的忠告是："接受好的教育，才能找到好工作，找到好工作，就有能力买漂亮房子、开新车、拥有大屏幕电视。毕竟，房子每月只花你 1200 美元、车子 400 美元、电视 120 美元。你绝对负担得起。"不幸的是，这种观念无法让任何人获得财务自由，相反还会制约人们靠工作支付那些不断花钱的东西。向银行借钱时，银行甚至允许你把这类财产的某几样列为资产。所以，我想给你一个更好的资产定义：凡是能定时产生现金流入的就是资产。因此，只要是你因为拥有这样东西，就能给你带来钱的就是资产；另一方面，凡是你必须花钱才能拥有的就是债务。当你开始按照消极所得和无限财富进行思考时，你就会积极想办法减小财务自由数与目标值之间的差距。

——瓦·索玻、巴顿、斯迪文·舒歌德

二　了解影响市场的关键因素

一旦了解哪些因素对市场较具影响力，就可以决定在现今市场中，获得财务自由应该使用的两三项最佳策略。

（1）了解影响市场的 6 项主要因素。

（2）分析你可以运用哪些策略。

（3）选择 3 项策略：2 项主要策略、1 项备用策略。

1. 了解影响市场的 6 项主要因素

事实上，影响股市起落的因素主要有 6 项：

（1）目前处于长期经济趋势的哪个阶段——历史证明，股市总以 18 年为一周期。历史上获利最佳的牛市发生在 1982～2000 年间。2000 年初，市场进入熊市的主阶段，大概会持续到 2018 年。

（2）目前位于通货紧缩与通货膨胀拉锯战中的哪个位置——有以下 5 个最强的通货紧缩因素正在发酵：

◎美国的制造基地正逐渐移往中国。

◎美国的服务业正移往海外以争取廉价劳工。

◎越来越高的失业率造成劳工工资上的让步。

◎大型零售业者有效率，互联网效率更高。

◎其他国家不愿意自己的货币对美元贬值。

（3）美国政府誓言要不计代价对抗通货紧缩——这种操之过急的做法有可能造成未来出现更严重的通货膨胀。每当出现下列现象时，就会发生通货膨胀升温的情况：

◎大宗商品的价格持续上涨。

◎消费物价稳定上扬。

◎金价快速攀升。

◎利率调涨。

（4）美元相对其他主要通货的价位——美元究竟是处于向下还是向上的趋势。美元强势升值时，你无需采取不同的行动；美元贬值时，则买卖外币或买进以外币计价的金融工具则会比较好。

（5）世界各地的负债和利率变化——当利率高且稳定时，债券投资的获利会优于股票投资。

（6）不动产价值的现状——房屋永远是股市的替代投资标的。如果利率持续下跌导致房价下降，从而让一般人更有能力买得起房子，那么短期内不动产市场的表现将优于股市。

如果你定时追踪并了解这 6 项影响股市的因素，就可以随时知道是否该投资股市。这个决定并不困难，只要随时获取相关信息，你就能在 30 秒内知道该进入还是退出股市。

2. 分析你可以运用哪些策略

目前有许多策略可以帮助你获得财务自由，举例如下：

策略1——1-2-3股市模型

找出以下3个问题的答案：

（1）市场价位太高吗？过去100年来，股票的本益比平均为14.5，过去50年来为16，所以如果看到蓝筹股的评价远高于以上水准时，表示市场价位太高了。反之，如果蓝筹股低于以上水准，则代表那些股票深具价值，值得买进。

（2）联邦准备理事会是整体市场增值的绊脚石吗？货币供给宽松对股价有提升作用；货币供给紧缩时，股市往往下跌。如果货币越来越便宜，股票市值将降低。

（3）市场近期内会走扬吗？如果史坦普指数超过45周均值，表示市场正在走扬，而且极可能维持同样走势。相反，如果指数远低于移动平均值，表示市场股价走弱，未来还可能更弱。

解析你对以上3个问题的答案：

◎如果其中一个答案为“否定”，把股票卖了并脱离长期持有部分。

◎如果有两个答案为“否定”，买进价值明显被低估的股票并且持有。

◎如果3个答案都是“否定”，把闲钱都用来买股票，然后等待市场向上攀升。

策略2——利用共同基金和避险基金

共同基金的理论非常合理，但问题在于基金经理人只是一味想超越标杆指数，一旦整体市场情绪不佳导致指数向下，共同基金能做的顶多只是让你的损失少一点而已。利用共同基金的最佳方式是从投资标的中寻找线索，直到你能从自己的研究中获得更好的点子。

避险基金的表现较佳，但多数投资人对避险基金并不熟悉，因为只有信用卓著的投资人能买避险基金。不过在投资避险基金前，你还是得做好功课，因为舞弊或预期之外的风险依旧有可能发生。关于更多有关避险基金的信息以及如何充分运用相关信息，可以通过以下网站获得：

◎访问 www.hedgefund.net 网站，里面有

1000 多种避险基金的信息。

◎上避险基金产业协会的网站 www.thehfa.org 看看。

◎到 www.iitm.com 寻找有关避险基金的资料，包括一本名为《避险基金投资人不能不知道的事》的电子书。

◎到 www.hedgeworld.com 订阅避险基金的电子日报。

◎研究各分析师和评论家对各种避险基金的看法。例如 www.accreditedinvestor.ws 或 www.johnmauldin.com，这些上面都有些不错的资料。

策略 3——面对空头市场时，放空投资的共同基金

有些共同基金成立的目的是为了在市场看跌时获利。如果你的分析让你确信市场将有一段时期往下走，或许你就可以利用空头共同基金了，www.profunds.com 或 www.rydexfunds.com 上有相关信息。

策略 4——放空股价被高估的股票

如果你在股票交易方面经验老到，可以通过营业员帮你放空股票，这在强势空头市场上可能很有赚头，但确实会涉及相当程度的风险，你必须足够精明，能够理解如何通过设定停损点来保障自己的投资。在利用这项策略赚钱之前，你一定要保证对策略了解得很透彻，因为很少有人能靠这招赚到钱。

策略 5——只追随一种股市电子报

有些股市电子报一向超越市场整体表现，一直享有很好的口碑。做好你的功课并寻找一份好的股市电子报，试着对该报最近建议的 50 只股票进行纸上交易，直到你对这份股市电子报有信心为止，然后再依照该报的每项建议采取行动，不要三心二意。《十分钟交易员》就是很好的股市电子报，你可以在 www.ilovetotrade.com 上看到。

策略 6——买卖“有效率”的股票

效率股的增值速度虽然慢（每周增值一点点）但却稳定而有规律，股价不会突然冲高下杀。只要把目前的股价除以过去 60 天来增加的市值，就可以算出这只股票的效率比值。凡是效率比值不低于 15 的股票，就值得进一步观察。

策略 7——大手笔买进价值被低估的股票

本质上，这是巴菲特的投资方法。巴菲特师承格雷厄姆，格雷厄姆素有“价值型投资之父”的美誉，利用格雷厄姆指数可以反映一家公司的净流动资产价值，从而找出价值被低估的股票。计算某只股票的格雷厄姆指数时是将该公司的流动资产减去总负债，然后除以流通在外的股数。当公司目前的市价不高于格雷厄姆指数的 2/3 时，就是不错的买进标的。

可以按以下步骤运用格雷厄姆指数：

（1）搜索各种股票，找出目前股价低于格雷厄姆指数的股票。

（2）找到合适的股票时，研究其市价过低的原因。

（3）分析造成股价偏低的原因之后，判断该只股票回复正常价位的潜力有多大。

（4）一旦你确信该公司的前途看好，而且在不久的将来会有改善时，便可以开始累积持股。

（5）一旦股价上涨达50%时，要开始密切观察。如果股价不持续上扬，甚至开始反转，或许是出脱2/3持股的好时机。此时你可以一方面收回原始资金，另一方面保留部分持股。只要重复这样做，一段时间下来就能建立绩优股的投资组合。更棒的是，由于每次都先回收投资本钱，你的投资组合其实是零成本，你可以趁下波股市上涨时卖出余股并大赚一笔。

策略8——投资黄金和强势资产

如果你确信不久将发生通货膨胀，就应该把绝大多数的有价证券投资（股票和债券）换成黄金、硬币、邮票、白银、艺术品等，因为这些强势资产必定会在通货膨胀时增值。不过，你要用心做好研究，而且只投资你了解的强势资产。

策略9——利用外币

假如你相信美元会持续走弱，而外国的利率将维持高档，就可以同提供外币存款或以外币支付投资收益的金融机构打交道。

策略10——买进不动产并持有

买个好的不动产，把它租出去，等不动产市场价位抬高后它便会一起跟着增值。这项策略的关键在于，租金必须超过债务支出和不动产的维修费。这项策略的优点是可以提供优异的获利潜力、稳定增长的现金流量和可观的税务扣除额；潜在缺点则是不动产管理成本高昂，必须定时花钱维修且不动产的增长周期相对较长。

策略11——将不动产交易快速脱手变现

买进价值被低估的不动产再赶快脱手赚取获利，这项策略存在许多潜在变数，但基本概念是你试图用批发价买进不动产，再转手以零售价卖出。该策略能立即带来现金，时间短又不费事；潜在缺点是你得不断寻找新标的物，这可能需要可观的订金且在转手前整修一番，因而带来高额税费。万一不动产脱不了手，更可能惨遭套牢。

策略12——建立不动产的现金流量

你可以通过提供购买选择权或是转让原始抵押权等方式买进不动产，再将其租给新房主。在这种做法下，新房主会事先付给你一笔款项，然后他们负责管理不动产并令其增值。你继续支付抵押贷款，但新房主付给你的金额会高于你的支出，从而让你获得充裕的现金流量。该策略的优点是你可以立即赚取获利且拥有长期正现金流。该计划实际上会自动进行，因为房主有理由维护自己的房产，可以从容地和承租人交涉。潜在问题是租客可能延迟付款，如果你不能立即把房产出租，就得自己张罗抵押贷款；一旦遇上坏房客拒不付款的情况，你还得想办法把对方驱逐出去。万一如此，你必须将房产收回，然后再度转手出租，所以长期下来这些都不成问题，只是会造成短期现金流量的缺口而已。现金流量法很管用，尤其适用于以下情况，即你一开始是用很划算的价格买进不动产，并对投资保持稳健保守的态度而不是企图从每次交易中大赚一笔。大量的小额现金流量一旦汇入，就能汇聚成河。

3. 选择3项策略：2项主要策略、1项备用策略

只要在正确的情况和经济条件下，以上策略就可以帮助你获得财务自由。同样，如果时机或市场情况不对，这些策略也可能酿成灾难。你必须彻底研究所有背景资料，成为每项策略的专家，从而让策略发挥功效。

你也许没有足够时间成为以上12项策略的专家，因此应该挑选3项或最多4项看起来比较符合自己对目前市场气候评估的策略，然后采取以下步骤：

（1）透彻了解你所选定的策略。

（2）研究所有背景并成为这些领域的专家。

（3）寻找每项策略有哪些电子报、网站和其他信息来源——打起精神追踪这些资料。

（4）找出可以发挥的策略——你必须持续关注领先指标，然后密切追踪这些指标的变化以理解变化上的细微差别。

从你选择4项策略的3项中选出2项作为获得财务自由的主要策略，另1项备用。接着，钻研你选择的策略，成为个中高手。专心让可行的策略发挥最大功用，同时将备用策略列入考虑并作为另一种选择。

关键思维

不识音阶，就不可能成为钢琴演奏家；不懂运球包抄或上篮，就不能成为职业篮球运动员；不了解哪些因素影响投资策略，就不能获得财务自由。

——瓦·索玻、巴顿、斯迪文·舒歌德

向历史借鉴不符合自然之道。儿童只有在自己被烫伤后，才不会再用手触摸滚烫的锅子。别人的警告绝不可能让自己产生丝毫警觉。

——塔雷伯安，安皮瑞卡投资公司创办人

如果你审慎理财，同样可以短期在空头市场获得相同的获利率，搞不好风险还比多头市场的高峰期更小。

——施勃伦，作家

投资规划和累积财富之间存在很强的相关性。

——托马斯·斯坦利、威廉·丹科

《下一个富翁就是你》作者

秘诀是先存钱、有剩的再花掉，而不是先花钱、剩下的再存起来。

——纽曼，新西兰前国会议员

只有在退潮时，你才知道谁一直在裸泳。

——沃伦·巴菲特

在市场上亏钱的人会说："我刚亏钱，现在得想办法把钱赚回来。"不对，不是这样。你应该坐着不动，直到挖到宝。

——吉姆·罗杰斯

三　理解并落实风险管控

有效管控风险是执行策略不可分割的一部分。要有效管控风险，你必须做到以下 3 件事：

（1）了解投资成功的 6 个关键。

（2）了解并计算“部分规模”。

（3）摸清你的投资策略。

1. 了解投资成功的 6 个关键

无论你选择哪个投资领域（不动产、股票、期货、创投或收藏品），有 6 项原则是投资成功的关键：

（1）投资时永远要懂得如何保护自己的权益——未来才有足够的资金投入其他策略。你必须做两件事：

◎如果没有事先决定退场时机，绝不投入任何新的投资标的。一开始就准备一套在最糟情况下的脱身计划，这样就可以有效地指出停损点，也会把你的心态从“让股价冲到像天一样高”变成比较审慎的“不惜代价保护我的钱”。

◎永远从“回报相对风险比率”的角度进行思考。如果你打算在脱身前损失的金额为 R，那么除非新的投资标的能有 3R 或 4R 的获利潜力，否则就不投资。专业投资者在决定是否进行某项投资时，一定会权衡潜在的获利和损失，你也应该效法。

（2）尽量减少损失，并且让损失在可管理的范围内——当投资标的达到指定的停损点时，一定要尽快脱身。别以为情况会改变而死守着亏钱的投资不放。不断前进或至少能继续参赛的唯一方法是赶快接受小额损失，让会赚钱的投资快跑。许多投资人认为做到这点很难，因为他们不喜欢证实自己的投资决策错误。专业投资人从不担心这个问题，他们只尽自己最大的努力作出最佳决策，然后视情况予以适当回应。你应该照着做。

（3）培养你的“金母鸡”——抗拒太早变现的诱惑。假如你出了一招好棋，而形势又对你的投资标的有利，那就耐心等着钱进入口袋。一种好的做法是在心里设定一个获利了结点。换句话说，每当投资价值创新高时，将退场点设在新高减去某特定百分比（例如25%），当价格高于退场点时你就可以继续持有，但一旦跌价幅度达到设定的百分比时就赶快卖掉退场。这项技术不会让你在最高点出脱，但会鼓励你在所投资标的不断增值时继续持有。只要持之以恒，你将对获利感到满意，而不是一味想着自己错过了什么。长久下来你将成为赢家，而这也是财务自由需要的特质。

（4）了解风险和回报间的关系——计算每项投资标的的“期望值”。期望值是你为投资策略冒险投入的每一块钱平均会赚多少钱。计算方式是把预计投资会赚钱的几率乘以平均每次获利的金额，再减去预计投资会亏损的几率乘以每次平均损失金额的结果。所以0.5的期望值表示，大量交易下来你是不会亏钱的，不过也可以预测你只能赚到自己打算承担风险金额的一半。期望值在比较各种投资机会时非常有用，因为该数值代表你暴露在风险下的每一块钱会有多少获利。

（5）了解投资频率的影响——换言之，每周或每年有多少次机会能利用到你所选定的策略。某项投资策略的年获利可以用下列公式计算：

年获利＝期望值×每年机会×风险

只要替各项投资替代方案计算预估的年获利，你就能知道每项策略对自己迈向财务自由的目标究竟有多少贡献。有时候较高频率的策略期望值较低，结果造成它和低频率策略的获利一样。此外，还要注意有些较高频率的策略需要投入更多时间与交易成本，所以一定要把这些因素纳入投资评估中。

（6）除非市场走势对你有利，否则绝不投资新标的——统计数据显示，遵循这项简单的规则将大幅提升你的获利并减少你的损失。

2. 了解并计算“部分规模”

在选定喜欢的投资策略后，接下来你要决定该在某一部分投资多少钱或如何投资才能产生最大获利，这是关键变数，因为部分规模可能对策略的整体获利产生相当广泛的影响。如果你对某项单一标的投入过多，最后可能反而亏了钱而不是赚钱。同样，如果你对某项有胜算的投资标的的投资金额不够多，就等于把大把钞票拱手让人，从而无法从那个策略中获得最大利益。

在决定自己的部分规模前，你首先要去做以下几件事：

（1）想清楚自己希望这项投资策略达到什么目标。

（2）有了目标后，明确自己愿意投入多少钱承担投资风险——这就是你的“权益”。

(3) 明确制定自己的风险水准——投资标的看跌时，你在脱身前愿意损失多少钱。这就是你的“风险”。

(4) 计算理想的部分规模公式是——部分规模=权益/风险。

投资老手不会试图在每项投资标的上击出全垒打，反而比较喜欢拥有稳定的获利并保本。界定最合适部分规模的方法有很多且各有利弊，不过唯一符合现实的方式是根据你个人的投资目标来决定。只要十分清楚自己想要什么，那么你就可以把计算部分规模当作达到目标的工具。

既然投资目标是获得财务自由，你的目标可能是在每年至少获利10%的同时降低损失几率。了解这一点之后，股市投资的安全部分规模必须遵循以下原则：

(1) 绝不把1%以上的现金暴露在任何新部分或投资标的的风险下——这样做或许不能赚大钱，却可以避免受人影响而继续加仓。

（2）如果你的股票价值上涨导致自己的停损点超过原始投资价，这时就该加仓——每当你的第一个部分产生获利时，就用渐进的方式在原始投资上提高1％的部分。如果股市继续保持势头，这种调整最多可以重复操作4次。

（3）在整体资产配置上，建立良好的安全边际——以你的现金部分及共同基金等投资方式分配在股市投资金额中，将你对整体市场情况的认知整合到配置决策中。

3. 摸清你的投资策略

想获得长远成功，就必须知道自己的投资策略何时管用、何时不管用。要准确地作出决定，你必须知道以下几件事：

（1）你的策略为何管用——当关键经济因素改变时会发生什么事。换句话说，你必须了解总体经济景气对策略的影响，并随时关注总体经济基本架构下的变化。从实践层面上来说，你必须做到以下几件事：

◎阅读投资类电子报，保持信息渠道畅通。

◎追踪市场的大方向。

◎追踪利率、金价等走势。

◎追踪举债水准的变化。

◎追踪美元和其他货币的价值。

◎观察利率并认识不动产市场。

（2）你涉足的市场会有哪些改变——每个市场都会因为缺乏效率而产生相关变化，例如：

◎一般市场情绪的变化。

◎主管机关改变法律规章。

◎大笔资金的动向。

（3）你的系统如何发挥作用——在看涨的、停滞的、巨幅波动的市场，或是走势看跌的市场。如果你真正了解自己偏好的策略背后的逻辑和理论基础，便能对每项策略在不同市场情况下的表现具备一定程度的认识。

这些改变全都会影响你的策略，或是让某项策略特别引人注意。理想上，最好准备两项投资策略，针对不同市场情况做好准备。意思是说，当某项策略不适用市场情况时，就用另一项表现较好的策略加以替代。你对策略的相关事务越熟悉，就会对执行策略越有信心。在市场情况表现不佳时，你对相关事务的深度理解也能确保自己对决策保持中性的看法，你愿意让策略来配合市场而不会试图扭转市场。

试着每隔一段时间检视策略的有效性，例如每完成100次交易、每季季末、每年年底，或是每当策略产生超乎寻常的大好或大坏结果时，你就可以检视一次。你可以问自己以下问题：

（1）该策略的绩效表现究竟是超出还是落后于我对当下的期望？

（2）我的策略有哪些部分需要调整？

（3）我的策略涉及到先前市场失衡的现象吗？

（4）市场上发生了哪些新情况？

（5）在目前的市场情况下，能预期我的策略将有哪些表现吗？

（6）是否有其他策略也是我该一探究竟的？

四　以身作则，教育下一代

不要把自己的财务状况怪到别人头上，即刻着手改正你以往犯的错。要对未来的财务状况负起全责，你需要：

（1）努力充实你的理财知识。

（2）教导孩子相关的核心原理。

（3）立即行动，别拖拖拉拉。

1. 努力充实你的理财知识

终有一天，你会知道如何才能获得财务自由。唯一的阻力是不健康的心态，有的人怨天尤人，有的人自怨自艾，还有一大堆不愿意为此负全责的借口。

想要消除这些负面影响，你必须准备好做到以下几点：

（1）我的生活由我创造——你应该对发生在

自己身上的一切事务以及未来的应对措施负起全责。

（2）坦诚面对自己过去的错误——把你的损失转化为学习经验，从而帮助自己拥有更好的未来。

（3）从现在起，改正你的错误，并且回归正轨——重回战场，别隔岸观火。想做好这点必须做到以下几点：

◎审视你奉行的错误理念。

◎找出你原先依据的错误假设。

◎用更好的假设取代错误假设。

◎依照进度在心里演练你的解决方案。

◎想象自己成功的样子，直到一切都很自然为止。

◎勇往直前并采取积极行动。

（4）下定决心每天都向自己汇报——要每天开评估会，评估目前做法上的新改变同过去相比有哪些进展。这样可以帮助你持续追踪并改正过去错误的进度，而且时时提醒自己还有哪些事的做法也需要改变，例如承担责任并对错误保持开放态度。

2. 教导孩子相关的核心原理

将你对财务自由的知识具体化的最好方式是把相同的原理教给子孙们。很少有人会回过头来教育自己的孩子如何获得财务自由，如果你让他们尽早开始边做边学，他们面对工作时的态度就会是选择自己感兴趣的工作而不会仅为了养家糊口。

这样做的目的是帮助孩子养成良好的理财习惯，做法如下：

（1）教导孩子，金钱是重要且必要的——实现梦想和志向都需要金钱。

（2）用两个盒子制定简单的储蓄制度——当孩子得到两块钱时，把其中一块钱放进一个盒子里用来买想要的东西，另一块钱则放进永久性储蓄和投资的盒子里。跟你的孩子说，只要他们养成习惯，把赠与、零用或打工赚来的钱存下一半，储蓄箱最后便能支付他们的花费。鼓励这种储蓄习惯的最佳方式通常是为孩子描绘一幅远景，你可以告诉他们："孩子，你希望每个月的零用钱能提高到4000美元甚至1.8万美元吗?"跟他们解释，只要养成储蓄习惯，这是可能实现的。

(3) 每半年左右，取出他们的永久储蓄来投资获利更好的策略——把你的想法解释给孩子听，让他们了解投资未来的意义，并对自己的进展充满期待。

另外还要注意的是，孩子上大学、刚结婚、初入社会或结婚不久并有了孩子时，也许就很难再持续存下每笔收入的一半。这时，你就可以把永久储蓄率降低到他们收入的10%或15%。不过，可别完全取消，因为你希望他们保持储蓄的习惯，可别把赚来的钱一股脑全花光。

3. 立即行动，别拖拖拉拉

判断你是否可以花6个月还是必须熬6年才

能获得财务自由的唯一方法是，自己是否立即行动。问问自己下面的问题：

（1）你现在打算如何运用所学？

（2）什么事让你无法从现在开始成为财务自由的人？

（3）你真的相信可以做到财务自由吗？

有许多现成资源可提供帮助，下面举几个例子：

（1）上 www.iitm.com 网站——你会找到名为“奇迹的一课”的每日 10 分钟的自修课程，以及“投资人和交易员的尖峰绩效课程”的自修教材。这些课程将帮助你增强思考能力来处理突发性的重大问题。

（2）向治疗师咨询，让他帮你探究阻碍自己获得财务自由的原因——这样做在短期内是昂贵的，但最终却很值得。

（3）看看你可以参加当地的哪些活动，如研讨会和讲习会，这些都会帮助你成长——这类活动对鼓励你采取行动多半很有帮助。

(4) 每天试着做一些帮你迈向财务自由的事。

(5) 找位你尊敬的人，告诉对方你想在什么时候制订一套财务自由计划——要求他尽可能不定时地询问你的进度。

关键思维

疯狂的定义就是一遍又一遍地做同一件事，又期望有不同的结果。

——本杰明·富兰克林

美国《独立宣言》起草者

仅有愿景是不够的，必须结合冒险才行；只是盯着步步高升的阶梯是不够的，必须踏上阶梯才行。

——瓦茨拉夫·哈维尔，捷克前总统

资产制造的现金流会按时进入你的口袋，因此，只要是因为你拥有某样东西就能够给你钱的，那样东西就是资产；另一方面，凡是你必须花钱才能拥有的，就是债务。当我开始从消极所得和无限财富的角度思考时，便开始积极降低我的财务自由数（指消极收入未达总支出的缺口），结果半年内就获得了财务自由。现在我的目标是，运用同样的方式帮助大家重塑思想，并采取几个简单步骤。财务自由的关键是充分了解你的财务自由数，只要随便有人问起，你都可以立刻说出来："我每个月离财务自由还差 2400 美元。"财务自由就是设法降低那个差距，想达到此目的无需拥有过人的智慧，只要在想法及行动上做些简单的改变，谁都可以办得到。

——瓦·索玻、巴顿、斯迪文·舒歌德